HEYNE <

Das Buch

Pop-Besessenheit ist eine gefährliche Sache. Die Popmusik stürzt junge Menschen in den teuflischen Bann von Sex, Drogen und Rock'n'Roll, sie bringt ihr Gefühlsleben völlig durcheinander und lässt sie haltlos zwischen Euphorie und Verzweiflung hin- und herschwanken. Deutliche Indizien für diesen Zustand der Besessenheit sind absurde Fragen, die plötzlich lebenswichtig werden. Was ist wichtiger, das richtige Lied oder das richtige Mädchen? Warum soll ich keine eigenen Hitlisten führen? Wie verberge ich am besten eine peinliche Geschmacksverirrung? Wie kann ich mit Mix-Kassetten ein Mädchen rumkriegen?

Mit Ironie und Witz schildert Christian Gasser, seit über 25 Jahren mit Begeisterung popsüchtig, den Leidensweg des Pop-Besessenen, der zu spät begreift, dass Pop und das richtige Leben nicht ein und dasselbe sind. Er beschwört den Popkosmos der Siebzigerjahre, als Sweet, Abba und Uriah Heep die Gefühlswelt der Teenies durcheinander brachten, er schildert die wirklichen Achtzigerjahre, in denen Verweigerung, Liebeskummer und Selbstzerstörung als vorbildhafte Lebensentwürfe galten, und er erzählt von seinen Bemühungen, in den Neunzigerjahren erwachsen zu werden. Die Sucht nach Pop – Christian Gasser kann ein Lied davon singen.

»Gassers akribische Lebensbeichte führt nicht nur ein in die Kunst, Kassetten aufzunehmen, sie ist auch ein kluges, ordentlich subjektives Popmusik-Lehrbuch.«

Der Spiegel

Die vorliegende Taschenbuchausgabe wurde vom Autor überarbeitet und – wie man das bei Reissues in der Plattenbranche so macht – um einige unveröffentlichte »Bonustracks« erweitert.

Der Autor

Christian Gasser, geboren 1963 und aufgewachsen in der tiefsten Pop-Provinz Bern, ist freier Autor, Mitherausgeber des Comic-Magazins »Strapazin« und DJ. Jahrelang war er Redakteur und DJ beim Schweizer Rundfunk DRS3 und wurde für seine Arbeit mit mehreren Preisen (Zürcher Radiopreis 1994, Prix Europa Berlin 1997) ausgezeichnet. Seit 1996 tingelt er mit Mikrofon, Plattenspieler und Mischpult durch die Schweiz und Deutschland und trägt seine Bekenntnisse eines Pop-Besessenen auch live vor.

Christian Gasser

Mein erster Sanyo

*Bekenntnisse eines
Pop-Besessenen*

Mit Illustrationen von Max Andersson, M. S. Bastian,
Daniel Clowes, Fil, Gunter Hansen,
Christian Huth, Stephan Katz, Jean-Christophe Menu,
Yves Noyau, Alexios Tjoyas und
zahl- und lehrreichen weiteren Abbildungen

WILHELM HEYNE VERLAG
MÜNCHEN

HEYNE ALLGEMEINE REIHE
Nr. 01/13556

Umwelthinweis:
Das Buch wurde auf chlor- und säurefreiem Papier gedruckt

2. Auflage

Taschenbuchausgabe 01/2003

Wilhelm Heyne Verlag GmbH & Co. KG, München
Printed in Germany 2003
Umschlagillustration: Katrin Steigenberger, München

Umschlaggestaltung: Hauptmann & Kampa
Werbeagentur, CH-Zürich
Gesetzt aus der 10,5/13,1 AdobeGaramond
Satz: Schaber Satz- und Datentechnik, Wels
Druck und Bindung: Elsnerdruck, Berlin

ISBN 3-453-21082-4
http://www.heyne.de

Für meine Eltern,
meine kleine Schwester
und Sabine

Inhalt

Bonustracks: Lost Tapes & Outtakes

00

Linernotes

Ich stand vor den Umzugskartons, mein Rücken schmerzte, und mir wurde wieder einmal bewusst, wie viel Platz die Popmusik in meinem Leben einnimmt und wie schwer sie wiegt. Und wie viel sie mich kostet – allein meine Ausgaben für Umzugskartons übertrafen vermutlich das jährliche Tonträgerbudget eines durchschnittlichen Haushaltes.

Ich streckte meinen Rücken durch, die Knochen knackten, ich fragte mich, wer den ganzen Kram bloß schleppen würde, und ich verfluchte meine Unfähigkeit, mich in einem spürbaren Maß um überflüssige Platten zu erleichtern. (Überflüssige Platten? Was ist denn das?)

Dabei hatte alles so harmlos angefangen:

Ich wuchs an der Peripherie des Popkosmos auf, in Bern, Schweiz, Kontinentaleuropa, und meine Eltern besaßen weder ein Fernsehgerät noch einen Plattenspieler. Dafür thronte ein prachtvolles Röhrenradio der Marke Biennophone im Esszimmer, vor dem ich stundenlang klebte. Auf Ultrakurz-, Kurz-, Mittel- und Langwellen surfte ich durch ganz Europa (Luxembourg, Stuttg. AFN, Sottens, »Vati, wo liegt Praha?«) und lauschte ergeben der Musik. Ich hörte

Zeichnung: Gunter Hansen

alles, ich verschlang alles, ich liebte alles, meine ersten Idole waren Louis Armstrong, Nino Ferrer, d' Schmidbuebe, bald auch Elvis.

Einen Plattenspieler kauften meine Eltern erst, nachdem ich meine ersten Singles (und ihren »Der Clou«-

Soundtrack, den sie im Kino gewonnen hatten) mit der von einer wissenschaftlichen Publikation für kleine Jungen empfohlenen Abspieltechnik ruiniert hatte: Man rolle ein Blatt Papier zu einem Trichter, stecke eine Nadel durch das enge Ende, fahre mit ihr gleichmäßig mit 45 beziehungsweise 33 rpm durch die Rille und halte das Ohr in den Papiertrichter.

Damit war mein Schicksal besiegelt. Ich hatte die Popmusik entdeckt, und sie hatte mich überwältigt. Jede Gegenwehr war nutzlos – ich war besessen. Dem Glück und dem Elend ausgeliefert, das die Popmusik mit sich bringt. Die Leidenschaft unterwarf mich just in der heiklen Phase, in der ich vom unschuldigen Kind zum verantwortlichen Erwachsenen hätte mutieren sollen. Dass dieser Prozess nicht wirklich linear verlief, habe ich zu einem guten Teil der Popmusik zu verdanken. Wenn ich mich also besonders eingehend mit meinen jungen Jahren beschäftige, geschieht das nicht in erster Linie aus Nostalgie, sondern um zu verstehen, welchen Einfluss die Popmusik auf mich ausgeübt hat und warum ich ihr auch als Mittdreißiger mit derselben irrationalen Hingabe hörig bin.

Meine Bekenntnisse erheben nicht den Anspruch, die Geschichte der Popmusik zu erzählen oder gar zu erklären. Für den Besessenen ist die Musik zu groß und auch in ihren ekligsten Erscheinungen zu wunderbar, als dass er sie analytisch bändigen könnte – seine Leidenschaft sabotiert den Diskurs. Die Erwähnung vieler Musiker, Bands, Platten und Songs geschieht ohne Anspruch auf Vollständigkeit, und ebenso wenig soll ein irgendwie gearteter Kanon der »guten« oder »wichtigen« Musik der letzten 30 Jahre erstellt werden (sonst müsste ich zumindest Uriah Heep und Vanessa Paradis verschweigen) – die Leidenschaft sabotiert leider nur zu oft auch Stilwillen und geschmackliche Korrektheit.

Vielleicht handeln diese Bekenntnisse weniger von der Musik, als es den Anschein hat – meint ein Besessener, wenn er über seine Leidenschaft redet, nicht in erster Linie sich selber? Deshalb, denke ich, will und kann dieses Buch nicht viel mehr als die individuelle Irrfahrt eines kleinen Jungen durch das Labyrinth der Popkultur schildern.

Gleichzeitig will ich mit meinen Bekenntnissen auch warnen, ich will sensibilisieren, ich will betroffen machen, ich möchte sogar vielleicht ein bisschen anprangern – kurz: Ich will auf die Schäden hinweisen, die die Popbesessenheit in einem jungen Menschen, der in den Bann der Popmusik gerät, anrichtet.

Mein Umzugsproblem löste ich übrigens so elegant und bequem wie nur möglich. Meinem Rücken zuliebe heuerte ich eine Umzugsfirma an, die alle Kartons für den Preis von umgerechnet knapp 100 neuen CDs in die neue Wohnung schleppte.

Zeichnung: Alexios Tjoyas

Mit uns kannst du alles machen!

Ich war, und das gilt für die meisten wichtigen Lebenserfahrungen – für den ersten Kopfsprung vom Dreimeterbrett und den ersten Kuss etwa –, auch als Pop-Fan keineswegs frühreif. Von jenem Freitagabend an jedoch, an dem ich als zehnjähriger Junge die Radio-Hit-

Zeichnung: Daniel Clowes

parade entdeckte, was wenig später zum Kauf meines ersten Tonträgers führte – es war, um den ganzen Mythos der ersten Platte in einer Klammerbemerkung zu enthüllen, Billy Swans »I Can Help«-Album auf Musikkassette, erstanden mit zehn Prozent Messerabatt am Ex-Libris-Stand der BEA[1] –, von jenem Abend an bestimmte die Popmusik mein Leben.

Ein großer Teil der Erinnerungen an jene Jahre ist verblichen – farbig geblieben sind praktisch nur die mit Musik verbundenen Erlebnisse, und leider habe ich nicht nur die nicht unwichtigen Erfahrungen wie die ersten verliebten Schwärmereien gespeichert, sondern mit geradezu masochistischer Vorliebe auch peinliche Momente, die mein Gefühl, absolut unlässig, tollpatschig und unattraktiv zu sein, verstärkten – und mich umso tiefer in die schillernde Kunstwelt der Popstars trieben.

Nach etwa einem Jahr Hitparadenhörigkeit und dem zirka ersten Dutzend Mischkassetten (mit Howard Carpendale nach ABBA nach »Schmidtchen Schleicher« nach Sailor nach »Mamy Blue« nach »Kung Fu Fighting« nach Sweet) folgte 1975 der erste emanzipatorische Schritt in Richtung Pop-Expertentum. Ich kaufte mir das bunte Fachmagazin POP und verschlang es von Jürg Marquardts neckischem Porträt neben seinem ebenso selbstverliebten Editorial bis zur Seite für den Rollers-Fan, ohne die aufklärerischen Indiskretionen zu verschmähen. Besonders entscheidend für mein weiteres Schicksal war das »Eure beliebtesten Popstars«-Klebealbum (»100 Mini-Poster zum Sammeln«), das zur selben Zeit für nur 1 Franken zu erwerben war.

1 Ex Libris ist die Buch- und Tonträger-Abteilung des Schweizer Großverteilers Migros. Die BEA ist die insbesondere auf Landwirtschaft ausgerichtete »Berner Ausstellung«.

Eure beliebtesten Popstars, Klebealbum, Cover, Panini/Pop

Diese Sammelalben erfreuten sich damals derselben Beliebtheit wie heute, und in jenen Jahren klebte ich auch Hefte zur Fußball-WM 1974 (Cruyff gegen Beckenbauer) und zu den Olympischen Winterspielen 1976 in Innsbruck (Stenmark gegen Thöni) voll. Das Sammeln von Sportstars unterschied sich aber vom Sammeln von Popstars: Sport war offenbar ungleich populärer und das Sammeln ein kollektives Erlebnis, an dem jeder Junge teilnahm (an sammelnde Mädchen kann ich mich nicht erinnern – ihr Ehrgeiz war es vermutlich nicht, möglichst das ganze Heft zu füllen, sondern sich vernünftigerweise mit den Bildchen ihrer Lieblingsstars – Johan Cruyff, beziehungsweise Ingemar Stenmark und Roland Collombin –

zu begnügen, während wir Jungs uns sogar um Walter Vesti und Wolfgang Kleff rissen), und das Tauschen und Handeln, das Suchen nach den raren Motiven (Cruyff und Stenmark z. B.) vor, während und nach der Schule war der halbe Spaß.

Nicht so beim Popstar-Heft – das habe ich allein zu füllen versucht, und ich erinnere mich an keine geschäftlichen und gesellschaftlichen Transaktionen. Hätte das nicht das erste Warnzeichen sein sollen? Das erste Warnzeichen dafür, dass eine Leidenschaft wie die, die ich für die Popmusik zu entwickeln begann, isoliert? Man wird zwar zum Insider, der über ein geheimes Wissen verfügt, aber auch zum Outsider, da dieses geheime Wissen die meisten Mitmenschen kaum berührt – und die Illusion, mit meinen Fachsimpeleien Mädchen betören zu können, begrub ich viel zu spät.

Wohl investierte ich viel Geld in die Umschläge mit je drei Abziehbildern, doch waren die Bilder für mich bald von zweitrangiger Bedeutung. Wichtiger wurden die stichwortartigen Informationen über die Bands und Interpreten – Geburts- bzw. Gründungsjahr, Stil, die größten Erfolge, ein bisschen Klatsch –, und die studierte ich mit so viel Hingabe, dass ich ziemlich bald alles auswendig wusste, selbst über Bands wie die deutschen Kraan, obschon mir die wegen des roten Brillengestells eines der hohlwangigen und eklig blassen Musiker so unsympathisch waren, dass ich es nie über mich brachte, mir eine Platte von ihnen anzuhören.

Diese oberflächliche Datensammlung gewährte mir einen ersten, fantasieanregenden Blick in die Unendlichkeit des Popkosmos und vermittelte mir behütet und ohne Fernsehgerät aufgewachsenem Teenager ein noch unscharfes Gefühl für den Zeitgeist. So konnte ich stundenlang über dem Bild träumen, das Emerson, Lake and Palmer vor ihrem eigenen Jet zeigte. So entsetzte ich mich über Janis Joplin, ohne mich von ihr losreißen zu können: Spektakulärer noch als das Live-Foto, auf dem man nichts sah außer wildem Haar und barem Busen, war die Legende: »Bei den Aufnahmen ihrer LP ›Pearl‹ fand man sie tot in einem Hotelzimmer, mit 14 (Heroin-)Einstichen im Arm«.

Ich, der ich von Drogen nur wusste, dass sie wie die langen Haare und auffälligen Klamotten zu Rockstars, nicht aber ins richtige Leben gehörten, stellte mir vor, wie sich Janis Joplin eine Spritze um die andere in den Arm stach, vierzehnmal, und dann langsam in den Spritzenhaufen kippte.

Noch verwirrender war auf derselben Seite die Bezeichnung der in einem viel milchkaffeebraune Haut enthüllenden Bühnenkostüm abgelichteten Tina Turner als »Sex-Katze vom Dienst«. Trotz früher Recherchen in den Sex-Heften (»Sexy« und »Schlüsselloch«) von Tonis Eltern (in lebhafter Erinnerung geblieben ist ein daktarimäßiger Soft-Sex-Fotoroman um eine nur lendengeschürzte Blondine, böse Wilderer und einen schlauen Schimpansen) hatte ich keine Ahnung, was ich mir unter einer »Sex-Katze vom Dienst« vorzustellen hatte – ich wusste nur, das klingt verdammt aufregend und verheißungsvoll.

Popmusik, das lehrte mich dieses Sammelheft, hat nicht nur viel mit Musik zu tun, sondern auch mit Drogen und Sex. Vor allem Letzteres irritierte den kleinen Jungen, den die Eltern kaum aufgeklärt hatten, und dem es peinlich war, wenn er Pärchen beim Schmusen beobachten musste. Völlig schockierend fand ich deshalb das Poster »Love 75« in einem meiner ersten POPs – es zeigte ein junges Lie-

Runaways,
»Queens of Noise«,
LP-Cover,
Mercury Records

bespaar, gerade mal ein paar Jahre älter als ich, das sich verträumten Blickes in einem Wald aneinander schmiegt. Und zwar – oben ohne! Oben ohne im Wald?! Wer wandelt denn schon oben ohne durch einen Wald? Andere Leute könnten ihn ja sehen! Und vor allem sie!!!

Errötend entrüstete ich mich, und wenn dann noch aus dem Radio einer der Sex-Hits wie Donna Summers »Love To Love« oder, fast noch schlimmer, die expliziten Lyrics von »Voulez-Vous Coucher Avec Moi Ce Soir« (eines der großen Poprätsel: Wieso heißt dieser Song »Lady Marmelade«?) keuchte und stampfte, versank ich vor Scham (und vor Erregung) im Fußboden.

Den letzten Höhepunkt dieses Frühlingserwachens gewährten mir die Runaways, die fünf kalifornischen Backfische, die kaum älter waren, aber so viel erfahrener wirkten als ich: In einer POP-Story standen sie hinter Gittern wie in einem Raubkatzenkäfig, blickten mich forsch und unmissverständlich an, und der Titel verkündete: »Mit uns kann man alles machen!«

Wow! Alles? Wirklich alles? Absolut alles? Aber – was denn überhaupt?! Diese Fragen quälten mich wochenlang, denn ich konnte mir dieses »alles« nicht ausmalen, ahnte aber, spürte und wusste, wie aufregend es wäre, mit den Runaways »alles« zu machen.

Gleichzeitig aber war ich sicher, im richtigen Leben nie der Typ werden zu können, von dem sich die Runaways »alles« gefallen ließen. Diese Überzeugung, verbunden mit den Poptexten über Liebe und Mädchen, in denen ich dank eines Wörterbuchs gewisse Redewendungen zu verstehen begann, die mir aber eintrichterten, nicht für diese idealen Leidenschaften und geheimnisvollen Dramen geschaffen zu sein, verstärkte meine Unsicherheiten und Komplexe und trieb mich – ich wiederhole mich, aber es war in der Tat ein Teufelskreis – noch tiefer in die schillernde Kunstwelt der Popmusik. Frustriert traktierte ich meinen Federballschläger immer aggressiver, spielte mit geschürzten Lippen immer lautere und rauere und härtere Gitarrenriffs und bereitete mich so auf den Punkrock vor.

Da wirkte Rumpelstilzens »Teddybär«[2] geradezu beruhigend und trug dazu bei, mich mit gewissen Spielformen des Eros' auszusöhnen: Saß nicht auch auf meinem Bett ein treuer Teddybär? Wäre nicht auch ich am liebsten Elisabeths Teddybär gewesen? »I wett i wär, mit dir elei als die Teddybär.« Wurde das Techtelmechtel nicht beschrie-

2 Rumpelstilz, die erste Band des Schweizer Superstars Polo Hofer, erfanden in den frühen Siebzigerjahren den Dialektrock. Polo Hofer war also so etwas wie der eidgenössische Udo Lindenberg – allerdings ist er weit weniger peinlich gealtert, sondern durchaus sympathisch geblieben und zum mehrheitsfähigen Polo National mutiert. Der Text: »Ich wollt, ich wär allein mit dir als dein Teddybär./Ich rolle mit dir auf deinem tollen Teppich herum, ich habe Zeit dafür ...«

Rumpelstilz, »Teddybär«, Single-Cover, Schnoutz-Records

ben wie meine heftigen, aber nie schmerzhaften Balgereien mit Elisabeth von nebenan? »Tue miter uf dym tolle Teppich umerolle, i ha Zyt derfür …« – Nur etwas irritierte mich auch hier: Dieses Buch, das dabei vom Bücherregal fällt.

»Vati, was ist das, das Kamasutra?«

02

Von der Schulbank in die Hitparade

Sweet entdeckte ich dank »Fox On The Run« und »Action« (ein merkwürdiger Titel, fand ich, kannte ich dieses Wort doch aus dem Tante-Emma-Laden in unserer Straße), und weil meine kleine Schwester bis zum Wahnsinn in den blonden Sänger Brian Conolly verschossen war, glaubte ich, zwei Fliegen mit einer Klappe zu schlagen, als ich ihr »Action« zum Geburtstag kaufte. Das Geschenk würde sie beglücken, die Single würde ich jederzeit auch selber auflegen können, und vermutlich würde sie sogar eines Tages in meine Plattensammlung herüberwachsen. Irrtum. Es gibt gewisse Sachen im Leben, war ich bald einzusehen genötigt, die man nicht mit anderen Menschen, egal wie nahe sie einem stehen, teilen kann. In Zukunft gab ich acht, meiner Schwester Singles zu schenken, von denen ich einerseits wusste, dass sie sie nicht ungern hatte, und andererseits, dass meine Großzügigkeit sich ihretwegen nie in Neid verwandeln würde: »Una Paloma Blanca« der George Baker Selection zum Beispiel. Lieb lächelnd überreichte ich ihr das ungeschickt eingepackte Teil – und wurde mit einem verwunderten Blick bedankt, in dem Enttäuschung lag.

Ja ja *(in mild seufzendem Tone, den Kopf leicht schüttelnd)* die Siebzigerjahre. Sie klangen auch so, die Siebzigerjahre.

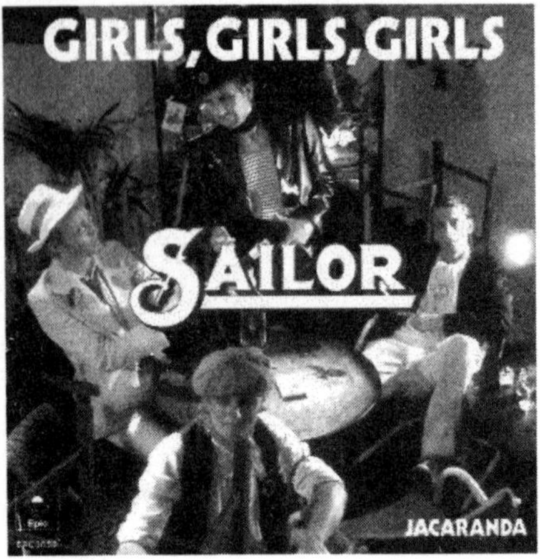

Sailor, »Girls, Girls, Girls«, Single-Cover, Epic

»Una Paloma Blanca«. Gut, dass sie so weit zurück liegen, die Siebzigerjahre. Man verdrängt ja gerne, was wir für Musik hören mussten, damals, in den Siebzigerjahren. Mir tun alle diese an sich sympathischen jungen Menschen Leid, die sich den Geschmacksverirrungen der Siebzigerjahre heute unterwerfen und sich beispielsweise diese Klumpschuhe an die Füße schrauben, freiwillig!, und dafür steif und linkisch durch das Leben staksen.

Weil ich – also nein, diese nach unten sich verbreiternden Hosen habe ich nie gemocht, ich verabscheute sie, und wenn ich mangels Alternativen – in den frühen Siebzigerjahren wurden offenbar ein oder zwei endlose Jahre lang keine vernünftigen Beinkleider geschneidert – trotzdem Elefantenhosen trug, würgte ich, aus Scham davor, mich dem Modediktat unterwerfen zu müssen und wie ein eitler Geck zu wirken, den überflüssigen dunkelblauen, dunkelbraunen oder dunkelgrünen Cord-Stoff (vom dunkelbordeauxroten blieb ich verschont) in die Stiefel oder, schlimmer noch, klemmte ihn in die Velospangen.

Natürlich bin ich nie auf Schuhe mit Plateausohlen geklettert, es wäre mir nicht im Traum eingefallen, ein buntes Seiden-Wams tragen zu wollen, und lange Haare fand ich – und dafür liebten mich die Mütter meiner Schulkameraden, die ihre ausgeflippten, d. h. den Hemdkragen knapp streifenden Halbstarken- bzw. Hippie-Mähnen gegen alle Coiffeure verteidigten –, lange Haare fand ich doof und weibisch.

Aber: Ich war ein Sweet-Fan. Ein glühender Sweet-Fan. Ihre hautengen, vielfarbig leuchtenden Satinanzüge störten mich ebenso wenig wie ihre goldenen und silbernen Plateaustiefel und ihr exzentrisches Make-up – was Normalsterbliche der Lächerlichkeit preisgegeben hätte, gehörte sich für Popstars, davon war ich überzeugt. Die sind nämlich nicht ganz von dieser Welt, die dürfen das, sie müssen es sogar (die Armen). Und zwar nicht nur, um, wie mein älterer Cousin Jörg abschätzig bemerkte, ihre musikalische Mittelmäßigkeit zu kaschieren. Denn die tut eh nichts zur Sache.

Sweet, »Action«, Single-Cover, RCA Records

In meinem musikalischen Spektrum verkörperten Sweet damals harten Rock'n'Roll. Hartrock war das, nicht wahr, oder was man sich damals, als Elf- oder Zwölfjähriger, unter Hartrock vorstellte, kein echter Hardrock also, sondern gummig, glitzernd, keimfrei: Der Soundtrack für feuchte Bubenträume von Rock, Glitter und Startum (und Mädchen – man war ja so verdammt schüchtern und verklemmt!). Und was für Träume: »Von der Schulbank in die Hitparade« titelte POP (oder war es Bravo?) einen Artikel über Mud, eine Story, die mich auf der Schulbank in den *glitterndsten* Fantasien schwelgen ließ. Wenn ich nach der Schule eine meiner am Radio mitgeschnittenen Kassetten laut scheppern ließ und mit dem Federballschläger den Pophelden mimte, aufs Bett hüpfte und – immer so, dass ich mich im Spiegel bewundern konnte – mich auf die Knie fallen ließ, ja, dann trug auch ich sie, die Satinanzüge, Plateauschuhe und das verrückteste Make-up, das die Welt je gesehen hatte – bis meine Mutter ins Zimmer stürzte.

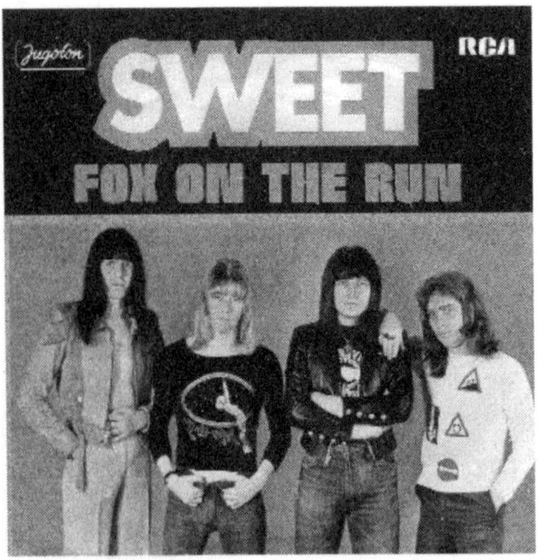

Sweet, »Fox On The Run«, Single-Cover, RCA Records

Sweet, »The Ballroom Blitz«, Single-Cover, RCA Records

Es war auch die Zeit, in der Gary Glitter, in einen viel zu engen Glitteranzug gezwängt, zu seinem größten Hit, ausgerechnet dem instrumentalen »Rock'n' Roll Part 2«, etwas überflüssig auf der Bühne der Samstag-Nachmittag-Pop-Sendung im Schweizer Fernsehen herumwatschelte. Es war die Zeit, in der das POP die »Seite für den Rollers-Fan« eingerichtet hatte, womit nicht Inline-Skates gemeint waren, sondern die schottischen Bay City Rollers, fünf schmächtige Pickelheringe im Karolook, für die junge Mädchen rosa Torten buken, rosa Schals strickten und rosa Poeme dichteten.

Es war die Zeit, in der man sich entweder für Sweet oder für die Bay City Rollers zu entscheiden hatte – beide Bands zu mögen, war streng verboten. Dafür war es durchaus möglich, Fan einer Band zu werden, von der man noch keinen Ton gehört hatte: Dank euphorischer Artikel und süßer Fotos in der einschlägigen Fachpresse verdrängte Ende 1975 Andy, der Bassist oder Schlagzeuger einer Teeniebopper-Band namens Kenny, den Sweet-Blondschopf Brian aus dem Herzen und von der Posterwand meiner Schwester. Ungeduldig warteten wir dann auf den Tag, an dem Kenny mit ihrem einzigen Hit »Julie-Anne« (mit dem hinreißenden Refrain »Tschutschutschutschú-Tschutschutschutschú-Tschutschutschutschuuuuh-lii-äään«) in die Schweizer Hitparade einziehen würden. Und siehe, mein Schwesterchen liebte auch die Musik, und mein Vater musste sie in den schummrigen Keller des Plattenladens Musik Bestgen begleiten, um die Platte zu kaufen, obschon der zwei Jahre ältere Bruder klugscheißerisch herumkrittelte (Sweet sind besser!).

Boygroups, das wissen ältere Semester wie ich, Boygroups sind keine neue Erfindung – die gab's damals schon haufenweise. Die einzigen Unterschiede sind: Damals trieben Boygroups kein Bodybuilding, sie konnten nicht tanzen, und sie litten unter Akne. Seit die Musikindustrie auch wieder minderjährige Girlgroups und Girlies durch heiß knisternde Videoabenteuer treibt, macht wohl mancher pubertierende Junge Ähnliches durch wie

Suzy Quatro, »The Wild One«, Single-Cover, RAK Records

Rubettes,
*»I Can Do It«,
Single-Cover,
Polydor Records*

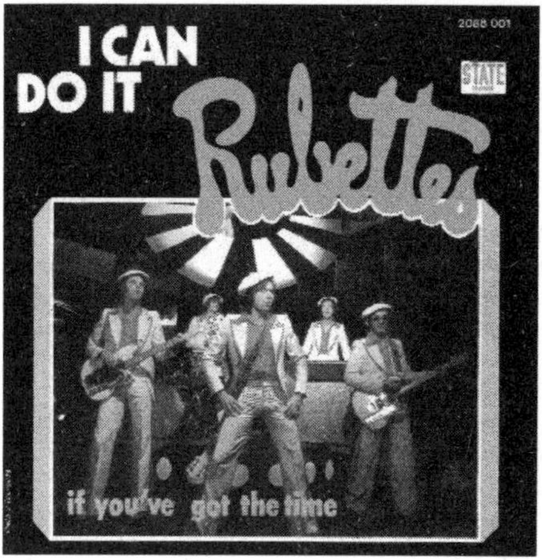

ich, als ich zum ersten Mal Suzy Quatro erblickte: Sie lehnte sich lässig an ein kraftvolles Motorrad, das hautenge Lederdress schien an ihrem Körper zu kleben, sie hatte den Reißverschluss neckisch, aber nicht vulgär nach unten gezogen und starrte mir derart direkt in die Augen, dass mir Schauer von ich-weiß-nicht-was den Rücken hinunterjagten.

Der Geburtstag meiner Schwester nahte just zum richtigen Zeitpunkt: Andy war noch nicht in ihr Leben getreten, und »Action« rutschte langsam aus der Hitparade hinaus. Mit »I Can Do It« der Rubettes (übrigens der erste englische Satz, den ich mir von meinem Vater übersetzen ließ[3]) hatte ich eine ganz bestimmte Strategie beim Kauf von

3 »I Can Do It« heißt auf Deutsch: »Ich kann es tun«. Was ich bzw. die Rubettes tun können, weiß ich allerdings bis heute nicht. Mehr Sorgen bereitete mir der Titel des anderen Rubettes-Hits: Was wollten sie mir mit »Zucker – Bébé – Liebe« bloß mitteilen?

Singles entwickelt. Solange ein Lied ein Hit war, brauchte ich die Single nicht zu besitzen, da ich es jeden Freitagabend in den »Bestsellern auf dem Plattenteller«, unter Umständen am Sonntagnachmittag in »Sport und Musik« und notfalls am Montagabend im Wunschkonzert hören konnte. Erst wenn es sich dem zehnten Rang näherte (denn Hitparade bedeutete damals Top Ten), erstand ich die Platte – in der Hoffnung, dem Lied so eine weitere Woche im glamourösen Rampenlicht der Schweizer Radiohitparade zu schenken.

Dass meine Strategie nie etwas nützte, entmutigte mich nicht, es immer wieder neu zu versuchen. Ich habe Singles immer so gekauft. Hätte ich da nicht schon hellhörig und vorsichtiger werden sollen? Kündigte diese Sympathiebekundung für Musiker auf dem absteigenden Ast nicht schon meine spätere Vorliebe für Musiker an, die es gar nie erst auf einen aufsteigenden Ast schaffen konnten? Und hat nicht genau diese Liebe zu Musikerinnen und Musikern, die keiner kennt und die keinen interessieren, zu meiner Vereinsamung aus mangelndem Gesprächsstoff geführt?

Weil mich die Not eines knapp bemessenen Taschengeldes erfinderisch machte, hatte ich kurz vor dem Geburtstag meiner Schwester einen, wie ich fand, genialen Einfall: Ich durchsuchte jeden Plattenladen nach der Sweet-Single mit »Fox On The Run« auf der A- und »Action« auf der B-Seite. Irgendwie war ich überzeugt, dass es das irgendwo geben müsste und dass ich so zwei meiner Lieblingssongs für den Preis einer Single kaufen könnte. Zwei für eins – eine echte Aktion also. Die Wirklichkeit ernüchterte mich: Ich musste erkennen, dass die Musikindustrie anders funktioniert.

Wie dem auch sei, meine Schwester freute sich über das Geschenk, und mit »Action« auf dem brandneuen Dual-Plattenspieler im Wohnzimmer trieben wir unsere Eltern in den Wahnsinn. Vermutlich bereuten sie schon bald, meinem Quengeln nachgegeben und, nur weil ich bereits einige Platten besaß, die ich nicht abspielen konnte, einen Plattenspieler angeschafft zu haben. Etwas Ähnliches sollte sich Jahre später wiederholen: Meine erste Compact Disc, die Residents-Compilation »Heaven?«, erstand ich 1986, ganze drei Jahre vor einem CD-Player. Und da ich mir 1995 meine erste CD-ROM kaufte (»Freak Show« natürlich von den Residents – als Besessener bin ich von der magischen Bedeutung solcher rituellen Wiederholungstaten überzeugt, und sei es auch nur, um sowas wie Struktur ins Chaos meiner Besessenheit zu bringen), wusste ich ziemlich präzise im Voraus, wann ich meinen Haushaltsmaschinenpark um ein CD-ROM-Laufwerk erweitern würde.

Die Besessenheit kann das Schicksal zwingen, und so erfüllen sich irgendwie und irgendwann viele große Träume des Pop-Besessenen. Sogar mein Wunsch, »Action« würde eines Tages in meine Plattensammlung rüberwachsen, hat sich kürzlich erfüllt – ohne das Wissen meiner kleinen Schwester natürlich. Sie lebt seit längerem in einem fernen Land und hat ihre Platten unvorsichtigerweise bei unseren Eltern gelassen.

03

Mein erster Sony war ein Sanyo

Mein erster Sony war ein Sanyo. Ich erhielt ihn zu meinem 11. Geburtstag, er kostete 99 Franken, und statt Tasten hatte er auf der Seite einen unpraktischen Schalthebel, den ich als zukunftsweisende Technologie überschätzte. Ein eingebautes Mikrofon hatte er auch, und eine der frühesten Aufnahmen war mein erster (und letzter) Auftritt als Hitparadenmoderator (»Heiße Musik! bei Gasser!«), den meine Mutter durch ihren französischen Akzent und groteske Übertreibungen überall lächerlich machte, sodass »humorvolle« Verwandte mich noch jahrelang mit diesem »Heiße Musik! bei Gasser!« peinigten.

Meine Rache folgte auf dem Fuß – die »heiße Musik« nahm ich vom Radio im Esszimmer auf, und mit dem Gebot absoluter Ruhe, sobald ich das Mikrofon gegen den Lautsprecher streckte, tyrannisierte ich meine Nächsten. Trotzdem kam es immer wieder zu Interferenzen – wenn nicht gerade ich selber die Aufnahme des neuesten Rubettes- oder Suzy-Quatro-Hits mit begeisterten Livekommentaren störte, so war es meine Mutter, die mir aus der Küche die leidige Frage nach den Schulaufgaben zurief, oder meine Schwester schloss vor der Betätigung der Spülung die Badezimmertür nicht, oder mein Vater klimperte mit dem Besteck. Nach derartigen Sabotageakten rastete ich jeweils dermaßen aus, dass es nur zwei Jahre dauerte, bis ich, um des Hausfriedens willen, meinen zweiten Sanyo erhielt – einen Radiorekorder.

Radio Beromünster geizte damals mit Pop-Programmen, und um ihre Bedürfnisse zu stillen, mussten moderne junge Menschen das Rauschen und Knacken der Mittel- und Langwellen nach Popmusik absuchen. Für viele war das Radio die einzige Informationsquelle, und deshalb waren diese Mischkassetten so wichtig. Und witzig – denn der noch unreife Geschmack junger Jahre schuf auf den zumeist grellbunten Multipack-Kassetten die kühnsten und kuriosesten Mischungen aus Pop, Schlager,

Zeichnung:
Jean-Christophe Menu

Jazz und Emil. Fehlende Übersicht konnte denselben Hit gleich mehrmals auf eine Kassette bannen, andere Aufnahmen unterbrach ich, weil das Lied mir plötzlich doch nicht so gefiel oder ich mich entsann, es bereits aufgenommen zu haben, und weil mir vor dem nächsten Hit die Zeit zum Zurückspulen fehlte, blieb es als Bruchstück stehen. Auf das geradezu existenzielle Dilemma, ob es wichtiger ist, den Song ganz aufzunehmen, auch wenn der Mann im Radio den Anfang überquasselt, oder schöner, die Pausentaste erst nach seinem Erstummen zu lösen, fand ich erst mit wachsendem Expertenanspruch eine Lösung – ich schnitt auch die Angaben zu Titel und Interpreten mit, um sie dann in abenteuerlicher Orthographie auf die Kassettenhüllen zu übertragen.

Die wichtigste Daseinsberechtigung des großen Bruders ist nicht, wie viele glauben, die starken Feinde des kleinen Bruders zu vermöbeln, sondern bildend auf seinen Musikgeschmack einzuwirken und beispielsweise dem kleinen Sweet-Fan T. Rex oder die Who aufzuzwingen, wenn nötig mit Gewalt – es geschieht ja nur zu seinem Besten. In Ermangelung dieses älteren Bruders musste ich mich allein durch die sinnverwirrende Welt von Glitter und Gloria schlagen, und ich hätte mich vermutlich noch tiefer im Labyrinth der geschmacklichen Sackgassen verirrt, hätte es nicht meinen Cousin Jörg aus Belp gegeben. Nachträglich besehen war seine Plattensammlung nicht gerade über alle Zweifel erhaben, doch damals beeindruckte mich schon die schier unvorstellbare Menge von kleinen und großen Platten – mindestens hundert, und jedes Mal kamen neue dazu! –, und er hatte alles, was pubertierende Ohren begehrten: Suzy Quatro! Slade! Nazareth! Elvis! Rolling Stones! Chuck Berry! Ike and Tina Turner! Creedence

Nazareth, »Shanghai'd In Shanghai«, Single-Cover, Vertigo Records

Clearwater Revival! The Osmonds! Led Zeppelin! Rory Gallagher! The Doors! Status Quo! u.v.m.! einfach alles! – sogar den grässlichen Instrumental-Krautrock von Karthago, einem ebenso selbstzufriedenen wie prätentiösen Trio, das im Zuge des Krautrevivals hoffentlich nie ausgegraben wird.

Sobald sich Entzugserscheinungen bemerkbar machten und meine Ohren neue Klänge heischten, bestieg ich mein Fahrrad und pedalte nach Belp, und während ich Platte um Platte aufnahm, fläzte ich mich auf Jörgs Flokati-Teppich rum, studierte Plattenhüllen, schrieb, ohne ein Wort Englisch zu können, Linernotes und Texte ab, blätterte in der Bravo oder las in der Neuen Revue den Klatsch über Brigitte Bardot und Playboy Gunther Sachs.

Wie stolz war ich, als Jörg mir seine elektrische Gitarre zeigte und sagte, er spiele in einer Band. Mein Cousin – ich konnte es kaum glauben – schon fast ein Popstar! Wie groß war aber die Enttäuschung, als sich die Brothers Band bei ihrem ersten Auftritt auf einer Familienfeier anlässlich der Einweihung des neuen Kuhstalls von Onkel Fritz als Dancing-Jukebox für Hits und Evergreens entpuppte, deren Sänger nach jedem Song »mercidankschön« ins Mikrophon schleimte (was ich dann in meiner kurzen Karriere als Popsänger schamlos abkupferte). Außerdem trugen sie alle weiße Jacketts mit rotem »Brothers Band«-Schriftzug, und diesen Partnerlook – der mir noch kurz zuvor bei den Rubettes und Sailor so irre gut gefallen hatte – fand ich nun einfach doof. Schließlich, so glaubte ich, wurde ich langsam erwachsen und wusste, was Rock'n'Roll ist. Und so verbrachte ich die Auftritte der Brothers Band damit, die vier netten Musiker mit dummen Kommentaren (»Habt ihr schon mal was von Deep Purple gehört?«) zu belästigen.

Reichten die Zeit oder die mitgebrachten Kassetten nicht, lieh ich mir, wenn Jörg gerade nicht da war, gewisse Platten kurzerhand aus. Und gewisse dieser Platten brachte ich nie zurück – mehr aus Nachlässigkeit denn aus Unehrlichkeit, denn merkwürdigerweise (oder besser: leider) behielt ich nur zweitklassige Ware, während ich wirklich gute Platten immer zurückgebe. Ebenso merkwürdig ist, dass ich bis heute genau weiß, welche Platten eigentlich nicht mir gehören – neben Jörgs »Rock'n'Rolling Stones« und »Undead« von Ten Years After ist das unter etlichen anderen etwa Grand Funk Railroads »E Pluribus Funk« mit dem legendären runden Silbermünzencover, die dem heutzutage liedermachenden Bruder eines Schulkameraden gehörte. Aber das Merkwürdigste ist doch, dass ich selbst die Überflüssigsten dieser Platten bis heute bei mir horte, statt sie längst, wie viele andere, dem Altvinylhandel zugeführt zu haben. Glaube ich vielleicht, mein schlechtes Gewissen wird mich eines Tages reumütig vor Jörg treten lassen, um ihm seine verkratzten Scheiben in die Hand zu drücken? Befürchte ich, dass er mich, sollte es je wieder eine Familienfeier geben (vielleicht gar mit einer »Brothers Band«-Reunion), darauf ansprechen wird?

Hauptsache war, mit möglichst wenig Geld möglichst viel Musik zusammenzutragen. Wie, woher und in welcher Form war nebensächlich. Eine (viel zu lange) Zeit lang war ich – und das ist meine einzige mir heute etwas peinliche Idololatrie – Uriah-Heep-Fan. Besessener Uriah-Heep-Fan sogar und stolz darauf, ihren Namen nach einigen Umwegen schon bald mit wichtigtuerischer Nonchalanz richtig aussprechen zu können. Ich ruhte nicht eher, bis ich alle Uriah-Heep-Platten hatte. Da der bombastische Schmonz des britischen Quintetts viele Freunde hatte, war es ein Leichtes, ihre »guten« Platten wie »Salisbury« und »Look at Yourself« aufzunehmen. Als schwierig erwies es sich aber, an ihre »schlechteren« Platten – ich sage nur: »Return To Fantasy« – heranzukommen. Die musste ich mir wohl oder übel selber kaufen. Dass sie eher sehr mittelmäßig waren, störte mich, dessen Besessenheit immer wieder in eine gewisse Kritikunfähigkeit oder -unlust münden kann, nicht – solange ich Uriah Heep komplett hatte.

Solche Strategien und finanziellen Spagate scheinen den jungen Menschen von heute, den so genannten »Kids«, fremd zu sein. Mir ist es allerdings schleierhaft, warum ausgerechnet die Rezessionsjugend der Neunzigerjahre sich so teure Späße wie Computerspiele, Raves, Snowboard-Mode, Mobiltelefone und CD-Singles leisten und mit so viel mehr Geld um sich schmeißen konnte als wir, die wir doch die Kinder der Hochkonjunktur waren. Bis heute frage ich mich, was für ein Zusammenhang zwischen Taschengeld und Wirtschaftslage existiert: Hat die Konsumwut der »Kids« die Rezession erst ausgelöst? Oder haben die

»Kids« die Wirtschaft kraft ihrer Konsumwut wieder angekurbelt? Denken Ökonomen eigentlich über diese Zusammenhänge nach?

Leider kenne ich keine »Kids«, und deshalb weiß ich nicht, ob die heutigen Pop-Narren meine Lieblingsbeschäftigung überhaupt noch kennen: Ich verwendete die schulfreien Nachmittage zu meiner Weiterbildung, indem ich von Plattenladen zu Plattenladen zog und überall in ein paar Platten »kurz reinhörte«. Auch wenn man, wie ich, meistens nichts kaufte, hatten die meisten Verkäufer und Verkäuferinnen nichts dagegen, solange man gewisse Regeln beachtete: Freundlich sein. Bitten, nicht fordern. Nie mehr als drei Platten anschleppen. Nie eine Seite ganz durchhören, sondern spätestens gegen Ende des vorletzten Lieds um die nächste Platte bitten. Nie verlangen, eine Platte zu wenden (die andere Seite konnte man sich ja im nächsten Geschäft auflegen lassen). Sich aus dem Laden stehlen, während das Personal anderweitig beschäftigt war. Und wenn ich mal eine Platte kaufte, bezahlte ich sie beim nettesten Verkäufer, und zwar so auffällig, dass auch die anderen Angestellten die Transaktion nicht übersehen konnten.

Mir fehlte schlicht das Geld, alle Platten, die mir gefielen, zu kaufen (worüber ich nachträglich froh bin, ersparte mir das doch viel musikalischen Ballast), und so bestand der größte Teil meines Musikkonsums aus diesen Nachmittagen in Berns Plattenläden. Damit stand eine der größten Plattensammlungen der Welt zu meiner ganz persönlichen Verfügung. Statt die Doppel-Live-LP von KISS nach Hause zu tragen, hörte ich sie mir während eines geschwänzten Nachmittags an, jede Seite in einem anderen Geschäft.

(A propos KISS: Ich war, vor allem was Poplegenden betraf, sehr leichtgläubig, und jahrelang glaubte ich, dass KISS, wie mir ein Schulkamerad, der immer alles besser wusste, versichert hatte, bei Grenzübertritten Stunden brauchten. Schließlich mussten sie sich jedes Mal abschminken, damit die Zöllner ihre Gesichter mit den Passfotos vergleichen konnten, und dann wieder schminken, damit niemand sie ohne Maske sah …)

Dank dieser Musikschulen blieb ich auch in den Anfängen des Punk auf dem Laufenden, ohne viel Geld auszugeben. Besonders amüsant war die Hilflosigkeit des Personals, als selbst der biedere Tonträgerfachhandel Punk- und New-Wave-Fächer einrichtete: Eines Tages fiel mir darin eine Platte auf, auf deren Cover eine merkwürdige Truppe abgebildet war, ein Cowboy, ein Polizist, ein Indianer, ein Bauarbeiter mit Helm und noch ein paar andere bunt kostümierte Männer mit Schnäuzern. Echt ausgeflippt, dachte ich aufgeregt und voller Vorfreude … – Erschreckt legte ich nach nur ein paar Takten (»Uaaijemsiei!«) den Kopfhörer ab und verließ den Laden mit dem tollen Klugscheißer-Gefühl, von nun an besser über die Popmusik Bescheid zu wissen als die Profis hinter der Verkaufstheke.

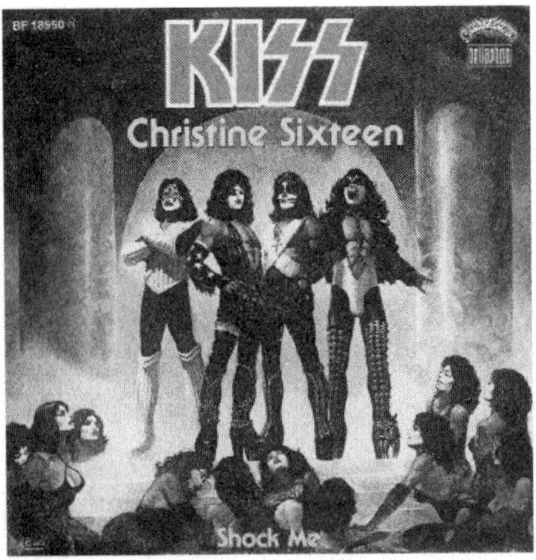

KISS, »Christine Sixteen«, Single-Cover, Casablanca Records

God Save The Dancing Queen

Eine Landschulwoche im Frühjahr 1977: Tagsüber befreiten wir ein von Unwettern heimgesuchtes Bergtal von Schutt und Geröll. Abends schoben wir die Esstische an die Wände, stellten ein Kassettengerät auf, und dann wurde getanzt.

An ihren Namen erinnere ich mich nicht mehr – aber ich höre noch, wie der erste Abend mit ABBAs »Dancing Queen« eröffnet wurde, und bis heute sehe ich sie, das Mädchen, in das ich heimlich verknallt war, aufstehen und

ABBA, »Ring, Ring«, Single-Cover, Polydor Records

ABBA, »Waterloo«, Single-Cover, Polydor Records

zielstrebig auf mich zusteuern, und ich spüre noch, wie meine Ohren heiß wurden und knallrot. *Heißt das nun, dass sie in mich verliebt ist? Oder hat sie sich mit ihrem Schatz gestritten und will ihn nun eifersüchtig machen?*, schoss es mir durch den Kopf. *Warum dann ausgerechnet mit mir, der ich ja keine ernsthafte Konkurrenz für ihn sein kann? Weil sie ihn trotz allem nicht wirklich eifersüchtig machen will?* – Strophe um Strophe plätscherte an uns vorbei – *Beim nächsten Refrain muss es geschehen! Beim nächsten Refrain musst du sie küssen! Oder zumindest die Hand unauffällig nach unten rutschen lassen!* – doch war ich so tief in existenzielle Fragen verstrickt – *Macht sie sich über mich lustig?* –, dass ich die Musik kaum wahrnahm – *Bin ich überhaupt gut genug, um mit ihr zu gehen? Ist sie nicht viel zu schön für mich?* –, und das Lied war verklungen, ehe ich auch nur ein andeutungsweise charmantes Wort gemurmelt hatte.

Zusammen mit den Sex Pistols seien ABBA die Gruppe gewesen, die am Entscheidendsten und Nachhaltigsten auf mein Leben eingewirkt habe, pflege ich nicht nur in nostalgischen Stunden zu sagen, und das verstehen wohl alle, die zwischen 1974 und 1979 ihren 14. Geburtstag gefeiert haben. Ob man ABBA mochte oder nicht, tat nichts zur Sache – sie waren einfach da und ebenso sehr Teil unseres Lebens wie Schulkameraden und Eltern. So kann ich heute beim besten Willen nicht mehr eruieren, ob ich damals von Herzen ein ABBA-Fan war oder ihre Lieder nur aus schierer Notwendigkeit ertrug. Dass ich keine einzige ABBA-Single gekauft habe, sagt nichts aus – bei ihrer Allgegenwart wäre das reine Geldverschwendung gewesen.

ABBA waren unumgänglich – jung, schüchtern und verliebt (oder auch nicht) liebten wir es (oder wurden gezwungen), zu ihrer Musik zu tanzen, sehr eng geschlossen zu tanzen, um möglichst alle Wölbungen des anderen Körpers zu spüren, seine Weichheit, seine Wärme, seinen Geruch. Wer wusste schon, was »Gimme, gimme, gimme a man (bzw. a woman) after midnight« bedeutete – wer aber begann es nicht zu ahnen?

Nicht weniger wichtig als die Musik waren Leben und Auftreten von Agnetha, Björn, Benny und Anafrida. Es ist ein Leichtes, rückblickend über ABBA zu spotten – natürlich trugen sie Klamotten von spießiger Extravaganz und erschütternder Geschmacklosigkeit, natürlich verströmten ihre Playbacks in Rudi Carrells »Am Laufenden Band« und Kurt Felix' »Teleboy«[4] die Erotik eines Doktor-Sommer-Teams im Gym-Fit-Kurs –, aber genau so, bei aller Buntheit bieder, waren die Seventies, die ich durchlebte, und schließlich hat jedes Jahrzehnt die Popikonen, die es verdient.

4 Die Samstag-Abend-Sendung im Schweizer Fernsehen, die Kurt Felix (und vor allem auch den Big-Band-Leader Hans Möckel) berühmt machte – für den »Teleboy« entwickelte Kurt Felix unter anderem seine lustigen Filmchen mit der Versteckten Kamera.

ABBA Po Polsku, »Exclusive '95«, CD-Cover, Omega Music

Die Jahre nach der Revolution der Sechzigerjahre, in denen die freie Liebe gezähmt wurde, verkörperten die zwei Frauen und zwei Männer aus dem aufgeschlossenen Schweden auch mit ihrem alle damals möglichen Spielformen vormachenden Liebesleben: Erst hausten sie in wilder Ehe, dann heiratete das eine und/oder andere Paar – aber fragt mich bitte nie, wer mit wem! Ich habe sie nie auseinander halten können –, und schließlich ließen sich alle scheiden. Dass ein Paar auch ohne Trauschein zusammenleben konnte, und was es bedeutete, als eine geradezu fatale, von der skandalisierten Verwandtschaft heiß umtratschte Cousine mit langem blonden Haar ohne Hochzeitsfeier mit ihrem Beau zusammenzog, verstand ich dank eines Bravo-Artikels über ABBA. Aber auch politisch taten ABBA klammheimlich einiges für unser Bewusstsein: Ist nicht ausgerechnet »Fernando« mit Zeilen wie »I can see it in your eyes how proud you were to fight for freedom in this land« eine der bewegendsten Hymnen an den bewaffneten revolutionären Kampf? Und ist der Refrain »Money money money/Must be funny/In a rich man's world« nicht eine an Sarkasmus kaum zu überbietende Kapitalismuskritik?

Später bekehrte ich mich zum Punk, und wenn ich mir das ABBA-Logo mit dem umgekehrten B ans T-Shirt pinnte, war das »ironisch gemeint« und als Provokation gedacht (und vor allem Throbbing Gristles Chris Carter abgeschaut, der diesen Badge 1980 auf dem Cover von »...Can The World Be As Sad As It Seems?« trug). Zum bewussten ABBA-Fan wurde ich erst später, im Mai 1982: Geschwächt von den auf Klassenfahrten obligatorischen weißen Nächten und den Nachwirkungen legaler und illegaler Substanzen schlich ich durch die mittägliche Hitze und das schmerzhaft grelle Licht Barcelonas und gab mich mit romantischer Vehemenz meinem Liebeskummer hin (die eine hatte mich verlassen, für die andere war ich nicht mehr als der brüderliche Freund), als ich »Fernando« aus einem Kassettengerät plärren hörte. Ergriffen blieb ich vor dem Marktstand stehen, ABBAs Harmonien träufelten wie Balsam über mein gebrochenes Herz ... – ich brach in Tränen aus. Dann erklang »Gimme! Gimme! Gimme!«, gefolgt von »S.O.S.«, und spätestens nach »Chiquitita« (oder war's »Honey Honey«?) wusste ich: Ich muss diese Lieder haben. Ich trocknete meine Tränen, kaufte die Kassette, und bald schon dämmerte mir, dass ABBA nicht nur die treffendste Verkörperung ihres Jahrzehnts gewesen waren, sondern schlicht eine der besten Popgruppen aller Zeiten.

Seither bin ich der Überzeugung, dass man ABBA zwar aus mindestens 173 Gründen modischer, ideologischer und ästhetischer Natur verwerfen kann, dass aber ein echter Pop-Fan ihre Musik lieben *muss*. Sie schufen den Pop-Song in seiner reinsten Form, jeder Hit ein unvergesslicher Ohrwurm, jedes Lied von kunstvoller Trivialität, bar jeder Botschaft und deshalb pflegeleicht und ein Genuss für Jung und Alt von 7 bis 77. Unwiderstehlich. Fortan war die Frage nach ABBA meine Gretchenfrage: Wer bei diesem Namen das Gesicht abschätzig verzog oder in verständnisloses Lachen ausbrach, war ein Heuchler, schloss ich ernsthaft und humorlos: Der bewies nämlich, dass Vorurteile seinen Geschmack verfälschten.

Natürlich hielten viele meine ABBA-Mania für einen Witz oder verdächtigten mich, durch bemühte Originalität auffallen zu wollen. Aber ich war beileibe nicht allein, und, merkwürdig genug, insbesondere Musiker aus den Jazz-, Noise- und Hardcore-Untergründen outeten sich bereitwillig als Liebhaber der soften Harmonien. (Die fünf besten ABBA-Coverversionen sind: Leather Nun: »Gimme Gimme Gimme«; Celebrity Skin: »S.O.S.«; Chumbawamba: »Money Money Money«; Forever Sweet: »Don't Speak« – eigentlich ABBAs »The Winner Takes It All«; Tar: »Voulez-Vous«).

The Leather Nun, »Plays ABBA«, Maxi-Single-Cover, Wire Records

Trotzdem war ich verblüfft, als Glen Matlock im Booklet des Sex-Pistols-Samplers »Kiss This« behauptete, das »Pretty Vacant«-Riff von »S.O.S.« abgekupfert zu haben, verkörperten doch die Sex Pistols nicht zuletzt die Revolte wider den »Kommerzscheiß« der damaligen Hitparade.

Was genau es war, das einen gutbürgerlich aufgewachsenen Teenie vom Moment an, wo er an einem Sonntag Abend in François »FM« Mürners monatlicher Sendung »Musik aus London« am Schweizer Radio zum ersten Mal die Stranglers (»Peaches«) hörte, in den Strudel des Punk riss, habe ich bis heute nicht ganz begriffen. Spätestens im Sommer 1977 liebte ich jedenfalls auch die Damned, Dr. Feelgood (waren laut POP auch Punk), Captain Beefheart (dessen 67er »Abba Zaba« FM kommentarlos zwischen zwei Punk-Singles geklemmt hatte und ich deshalb natürlich für das große neue Ding hielt …) und die Buzzcocks.

Wenig später, an einem trüben Herbsttag, wurde ich wie jedes Jahr von der Schulleitung gezwungen, auf der Straße Schokoladentaler zugunsten eines Naturschutzgebietes zu

The Sex Pistols, »Holidays In The Sun«, Single-Cover, Virgin Records

verkaufen. Viele Mitmenschen schienen Mitleid mit mir zu haben und schenkten mir ihre soeben gekauften Taler, die ich wiederum, obschon das offiziell streng verboten war, gleich weiterverscherbelte, statt meinen Magen durch eine Schokoladenüberdosis zu verderben. Plötzlich klimperte ziemlich viel Kleingeld in meiner Hosentasche, und weil mir kalt war, suchte ich das nächstgelegene Plattengeschäft auf und erstand, sozusagen mit Schweizer Schokoladengold, »No More Heroes« von den Stranglers. (»Vati, wer ist Leo Trotzky?«)

Aber die Sex Pistols waren, das spürte sogar ich im verschlafenen Bern sofort, etwas ganz Besonderes. Endlos zog sich das Warten auf ihre erste LP hin, und die vom POP kolportierten Skandale steigerten die Spannung ins Unerträgliche: Die Tourneen unter falschen Namen, die von den Bobbies unterbrochene Jubilee-Themsefahrt, die BBC-Zensur der Nummer-Eins-Single »God Save The Queen«, die wüsten Worte in einer Fernsehsendung und nicht zuletzt das Osterbild mit dem gekreuzigten Johnny Rotten

Sex Pistols, »Anarchy In The UK«, Single-Cover, Virgin Records

Punk Rules 2, Titelseite, Mai 1978, Punk Rules

(damals wusste ich noch nicht, dass man sich über Gott und Jesus lustig machen darf, ohne gleich vom Blitz erschlagen zu werden!) – diese Provokationen verunsicherten, schockierten und vor allem: erregten mich.

Anfang November erschien »Never Mind The Bollocks« in England, ich las vom Boykott gewisser Ladenketten und sah die Bilder der Schlange stehenden Fans, und von da an schaute ich jeden Tag auf dem Nachhauseweg in alle Plattenläden rein, ich träumte sogar von diesem Album, und eines Tages, endlich!, lag es, den angeblich unflätigen Titel in schwarzen Lettern auf grellgelbem Grund, unübersehbar in einem Schaufenster. Ich nichts wie rein, die Musikkassette gekauft (das war, wusste ich, kein Stoff für den Plattenspieler im Wohnzimmer) und im Laufschritt nach Hause – zum ersten Mal erstand ich einen Tonträger, ohne ihn mehrmals unverbindlich getestet zu haben.

Stärker noch als beim Sammeln von Popstar-Abziehbildern spürte ich plötzlich die Isolierung, die die Pop-Besessenheit bewirken kann: Ich war knapp 14, besuchte

Sex Pistols, »God Save The Queen«, Single-Cover, Virgin Records

das am Stadtrand gelegene Untergymnasium Neufeld, das vor allem Schülerinnen und Schüler aus den ländlichen Gemeinden des Kantons besuchten. Bis auf meinen Klassenkameraden Christoph Gasser (der trotz des Namens nicht mit mir verwandt ist) kannte ich keinen anderen Punk-Fan, und dass es in Bern damals schon eine aktive Punk-Szene gab und im Dezember 1977 die erste Ausgabe des lokalen Fanzines Punk Rules erschien, hätte ich mir nicht in den kühnsten Träumen auszumalen gewagt.

Die Hetzkampagne wider den Punk wütete auch in den eidgenössischen Medien, und dabei spielte die »primitive« Musik nur eine untergeordnete Rolle: Ständig musste ich mir – und das vor allem von Gleichaltrigen! – vorhalten lassen, die Sex Pistols seien ja vorbestrafte Kriminelle. Es war auch das erste und letzte Mal, dass meine Eltern mich wegen meiner musikalischen Vorlieben zur Rede stellten. Was es mit dem »Punk« auf sich habe, fragten sie besorgt, und wer diese Sex Pistols eigentlich seien? – Die Sex Pistols, versicherte ich eifrig, seien absolut gegen Drogen (vermutlich bis heute das beste Argument, um Eltern zu beschwichtigen – der Drogentod von Sid Vicious lag noch in weiter Ferne) und für die Arbeitslosen. »Das war Jacques Brel auch«, erwiderte meine Mutter, und ich verstehe bis heute nicht, was sie mir damit sagen wollte.

Den Sex-Pistols-Split teilte uns François Mürner in »Sounds!« mit, damals noch auf DRS2 zwischen 18 Uhr und »Per I Lavoratori Italiani«, der Sendung für unsere italienischen Gastarbeiter. Es war ein Montagabend Mitte Januar, ich saß erschüttert vor dem Radio und hätte am liebsten geheult. Niedergeschlagen schleppte ich mich am folgenden Tag zur Schule, wo Christoph und ich berieten, was wir von dieser Trennung halten sollten. Sie sei, beschlossen wir in der 11-Uhr-Pause optimistisch, Teil der PR-Strategie des durchtriebenen Managers Malcolm McLaren.

Diese Trennung ließ mich ratlos zurück. Dass Popstars wie die Rubettes, Mud oder Suzy Quatro nach ein paar Hits in der Versenkung verschwunden waren, hatte mich nie bekümmert. Mit den Sex Pistols verhielt es sich aber anders: Diese Band war einmalig und unersetzlich und hatte eine ganz andere Bedeutung für mein eigenes Leben. Auch wenn ich die Texte nur andeutungsweise verstand (»Vati, was ist Anarchie?«), ging es um mehr als um Musik. Der Punk hatte viele Gewissheiten erschüttert, mein Leben hatte sich zu verändern begonnen, aber ich hatte noch keine Ahnung, in welche Richtung es sich entwickeln würde, und nun sollte die Stimme, deren höhnisch zersetzendes Gelächter diese Prozesse mit ausgelöst und begleitet hatte, erstummt sein? – Ich fühlte mich im Stich gelassen.

François Mürner erlaubte sich am 1. April 1978, es war ein Samstag (und wer vermutet, ich hätte das in einem alten Kalender nachschlagen müssen, irrt – traumatische Erfahrungen prägen sich tief ein, und ohnehin hat ein Besessener den Schädel voll solcher unnützen, auf seine persönliche Popbiografie bezogene Fakten), den grausamsten Aprilscherz aller Zeiten: Die Sex Pistols, fabulierte er, hätten sich wieder zusammengerauft! Ich jubelte und hing, wohl ahnend, das Opfer einer üblen Lüge zu sein, ein paar Tage lang der Illusion einer Zukunft mit den Sex Pistols nach.

Wenig später wurde ich ins Gymnasium Kirchenfeld versetzt. Die Vorfreude auf ein städtischeres Umfeld wurde bereits am ersten Schultag durch die Erkenntnis getrübt, dass kein einziger meiner neuen Mitschüler wusste, was »Punk« ist. Allein Plastic Bertrand war gewissen ein Begriff. Lieber langweilten sie sich und belästigten sie mich mit Manfred Mann's Earth Band, Supertramp, Alan Parson's Project, Queen, Pink Floyd und den Eagles. Die beiden Punks, die ein paar Jahrgänge über mir die Schule heimsuchten, waren arrogant wie Popstars und so cool, dass ich sie nur aus der Ferne anzuhimmeln wagte. Ich hatte niemanden zum Fachsimpeln und fühlte mich einsam. Was sollte ich tun? – Dem Punk aus gesellschaftlichen Gründen abschwören? Oder ihn umso fanatischer verteidigen und konsequent ausleben?

Hitlisten und Beziehungskisten

Inspiriert von der Kunstwelt, in der er lebt, erliegt der Pop-Fan der Versuchung, eigene Mythen zu schaffen, und seine Lieblingsmythologie ist natürlich die Entwicklung seines Geschmacks. Dabei scheut er nicht davor zurück, gewisse Umwege seines Reifeprozesses, die er nachträglich als ästhetische Verirrungen verurteilt, aus seinem Curriculum auszumerzen und dafür andere Phasen fantasievoll mit hübschen Anekdoten zu verbrämen. Dies Lügen zu schimpfen, wäre aber falsch und ungerecht, ist doch der Pop-Besessene selber von der Wahrhaftigkeit seiner Legenden am meisten überzeugt.

Eine derartige Geschichtsklitterung hatte ich nie nötig. Meine Entwicklung verlief stilsicher und zielstrebig: Nach der für alle Nachwuchs-Pop-Fans obligaten Begeisterung für Kaugummi-Pop und Hitparaden-Heuler folgte eine kurze Phase, zu der Status Quo und Deep Purple den Soundtrack lieferten. All das, und auch mein bisher noch verschwiegener Elvis-Kult, wurde aber spätestens im Herbst 1977 hinweggefegt, als ich das zweite Album der Stranglers, »No More Heroes«, und wenig später »Never Mind The Bollocks, Here's The Sex Pistols« kaufte. Und bald schon kam der Tag, an dem ich, während ich unter der Dusche den Schweiß der Turnstunde abspülte, der

Welt verkündete, dass die Sex Pistols nun definitiv Status Quo vom ersten Platz der Liste meiner Lieblingsbands verdrängt hatten. Ich war knapp 14, und bis vor kurzem war ich mächtig stolz darauf, dass diese beiden Platten mein so junges Leben von einem Tag auf den anderen völlig umgekrempelt haben.

Bis vor kurzem. Denn etwas habe ich zu tun unterlassen: Die damaligen Listen meiner Lieblingssongs, Lieblingsplatten, Lieblingsbands etc. zu vernichten. Und so kam es, wie es kommen musste: Als sich ein guter Freund an einem Abend nostalgischer Schwärmereien ebenfalls als Hitlistenveteran outete und wir unsere persönlichen Hitparaden mit einer Mischung aus Ironie und Bewunderung zu verklären begannen, konnte ich der Versuchung nicht widerstehen, den kleinen schwarzen Ordner, in welchem ich einige dieser Listen aufbewahrt habe, hervorzuholen, um den Beweis meiner geschmacklichen Frühreife zu erbringen.

Uriah Heep, »Salisbury«, LP-Cover, Bronze Records

Ich hätte vor Scham in den Erdboden versinken können.

Wer führte am 4. April 1978 »Meine 15 liebsten Stücke« an? – Niemand anders als … – es fällt mir schwer, es zu gestehen, aber es gibt kein Zurück mehr … – niemand anders als … – ich hoffe, lieber Leser, liebe Leserin, ich kann auf dein Mitgefühl (und deine Diskretion) zählen … – niemand anders als … Uriah Heep mit »Salisbury«. – – –

Die Monate nach dem Split der Sex Pistols waren ja schwierig, aber dennoch – war ein derartiger Rückfall wirklich notwendig? Mussten es ausgerechnet Uriah Heep sein? Fast jede andere Band wäre mir heute lieber, auch Deep Purple und Status Quo, deren »Child In Time« und »Smoke On The Water« beziehungsweise »Bye Bye Johnny« den zweiten Platz belegten. Die Sex Pistols schafften es mit »Anarchy In The UK« und »Bodies« gerade noch auf den vierten und die Stranglers mit »Peaches« und »London Lady«, ausgerechnet ihren frauenfeindlichsten Songs, auf den fünften. Diese Hitparade, musste ich mir ebenso plötzlich wie widerwillig eingestehen, zeigt einen völlig orientierungslosen Pop-Fan, und ich stöhnte auf, als mein fiebriger Blick registrierte, wer sich alles in meinen Top 15 tummelte: Platz 6 – fast noch peinlicher als Uriah Heep – The Sweet mit »Love Is Like Oxygen«; Platz 7 – peinlicher noch als The Sweet – Kansas mit »Carry On Wayward Son«. Die Plätze 8 und 9 waren mit Roxy Music (»Out Of The Blue«) und Nazareth (»Bad Boy«) korrekt besetzt, aber auf Rang 10 – ein entsetztes »Nein!« entfuhr mir durch die zusammengepressten Lippen – – – auf Rang 10: Novalis! »Dämmerung«!! »Astralis«!!!

Meine Mythologie zerbröckelte, und die Wahrheit war ernüchternd. Der Punk hatte mein Leben wohl erschüttert, keineswegs aber den nachträglich glorifizierten Bruch mit den pubertären Geschmacksverirrungen bewirkt. Ich war im Frühjahr 1978 noch ein ganz normaler Halbwüchsiger kurz vor dem Stimmbruch, den die Begeisterung für die Sex Pistols nicht daran hinderte, auch »Bohemian Rhapsody« vom Radio aufzunehmen, und der, obschon er von seiner musikalischen Kompetenz überzeugt war und in jenen Tagen auch seinen ersten Essay zum Thema, »Popmusikgeschichte nach meiner Auffassung« (in vier Kapiteln: 1. Jazz, Blues; 2. Rock'n'Roll; 3. Beatles, Rolling Stones, Who; 4. Punk), verfasste, sich in Wirklichkeit unsicher und ziellos durch das Pop-Labyrinth vortastete, und dabei auch auf das stand, was er wenig später schon als »den größten Scheiß« verdammen würde.

Mein Freund war so rücksichtsvoll, mich nicht zu verspotten (vermutlich aus Selbstschutz – ich wüsste nur zu gern, welche Leichen er in seinem Schrank hütet!), als ich weiterblätterte und in »Meine 15 liebsten LPs« vom 13. April desselben Jahres auf weitere merkwürdige, ja geradezu schizophren oder zumindest in ihrer Art psychedelisch anmutende Gegensätze stieß: 14. Ramones: »Leave Home«; 15. Klaus Schultze: »Timewind« (und den 9. Rang besetzte, dies nur nebenbei, Ludwig van mit seinen Sinfonien n° 5 und 9).

Im September 1978 hatten Deep Purple Uriah Heep auf den zweiten Platz verwiesen, was nicht zuletzt das Verdienst des heute als Gitarrist einer namhaften Berner Rockband berühmten Küse F. aus der IVb war: Während der Parallelklassenfußballderbies lungerten wir, leidenschaftlich über Richie Blackmore, Jon Lord und Co. fachsimpelnd, an der Mittellinie herum, und die störenden Bälle kickten wir jeweils so weit weg, dass wir von den anderen bald in Ruhe gelassen wurden. Im Dezember 1978 stießen Devo, deren Debüt »Are We Not Men?« auf mich eine ähnliche Wirkung wie »Never Mind The Bollocks« ausübte, an die Spitze vor und spielten von da an in allen Charts (beste Bands, beste Platten, beste Songs, beste Komponisten, beste Bassisten, beste Sänger etc.) ganz vorne mit. Am 17. Dezember 1978 hatte sich auch, allerdings nur für kurze Zeit, Tommy Kiefer von der Krokus-Urformation (mit Chris von Rohr als Sänger) in mein Herz und meine Gitarristen-Top-Ten gespielt (Rang 6, u. a. hinter Richie Blackmore, Jimi Hendrix und Ted Nugent – aber noch vor Edward van Halen). Das Krokus-Konzert kurz vorher hatte einen tiefen Eindruck bei mir hinterlassen – nicht zuletzt weil ich da zum ersten Mal in meinem Leben ein Mädchen auf ein Konzert eingeladen hatte. Leider war sie, wie ich zu spät erkannte, doch eher an Küse F. von der IVb interessiert – der spielte schließlich damals schon in einer Band.

Bemerkenswert ist die Beharrlichkeit, mit denen ich meine von den im POP veröffentlichten »Melody Maker«-Pop-Polls abgeschauten Hitlisten mindestens einmal im Monat, meistens aber wöchentlich erstellte; beeindruckend ist der Fleiß, mit dem ich meine Vorlieben aufschlüsselte und neben meinen liebsten Songs, Platten und Interpreten völlig punkwidrig auch meine liebsten Sänger, Gitarristen, »Tastenmänner«, Komponisten u.v.m. ermittelte. Geradezu bewundernswert beziehungsweise beängstigend ist die Akribie, mit der ich jede auch noch so minimale Verschiebung festhielt – bisweilen aktualisierte ich meine Hitlisten mittels Tintenkillers noch während der laufenden Woche. Es war zweifellos eine existenzielle Aufgabe: Ich definierte mich über die Popmusik, und gleichzeitig hoffte ich, diese in den Griff zu bekommen und mich selber von der Bewusstheit meines Geschmacks zu überzeugen und dabei auch meine Selbstsicherheit im richtigen Leben zu stärken.

Meine 5 liebsten Sänger **4. April 78**

1. Jan Gillan (ex Deep Purple; Jan Gillan Band)
3. Johnny Rotten (Sex Pistols)
4. John Lawton (Uriah heep)
2. [redacted]. Noddie Holder (Slade)
5 ~~Elvis Costello~~ Ozzie Osbourne (Black Sabbath)
5 ELVIS COSTELLO

LIEBLINGSGRUPPEN
****
UND -MUSIKER
****

1. DEEP PURPLE
2. JIMI HENDRIX
DEVO
QUEEN
YES
MEAT LOAF
ELF
DIRE STRAITS
~~3.~~
5. STRANGLERS
BOOMTOWN RATS
SHAM 69
ULTRAVOX

25.02.79

DIE STAERKSTEN SONGS 8.4.79
1) CHILD IN TIME
HIGHWAY STAR DEEP PURPLE
SMOKE ON THE WATER
und viele andere

2) VOODOO CHILE JIMI HENDRIX
und alle, die ich kenne

MONGOLOID
JOCKO HOMO DEVO
und alle andern

Popmusikgeschichte nach meiner Auffassung

1. Jazz, Blues
2. Rock'n roll
3. Beatles + Rolling Stones, Who
4. Punk

Meine 15 liebsten LPs 9. April bis 13. April

1. Alle Uriah heep (Look at yourself, Sweet freedom)
2. 24 Carat Purple, The Royal philharmonic Orchestra, Made in Japan, Deep Purple in Rock — Deep Purple
3. Quo live! Hello, Blue for you, Quo! — Status Quo
4. Never mind the Bollocks, here's the — Sex Pistols
level headed — Sweet
6. Rattus Norvegicus, No more heroes — Stranglers

Besonders rührend ist aber, wie unbegabt ich für das Hitlistenschreiben eigentlich war. Das kommt bereits in »Meine 15 liebsten LPs« vom 13. April 1978 zum Ausdruck (1. Alle von Uriah Heep) und gipfelte in den letzten erhaltenen Listen, so etwa in »Die stärksten Songs« vom 8. April 1979. Ich war ein Fan, und Fans sind mit Leidenschaft kritikunfähig: 1. Deep Purple: »Child In Time«, »Highway Star«, »Smoke On The Water« und viele andere; 2. Jimi Hendrix: »Voodoo Child« und alle, die ich kenne; Devo: »Mongoloid«, »Jocko Homo« und alle anderen; Queen: fast alle. Ebenfalls zweitplatziert sind außerdem Yes, Meat Loaf (alle von »Bat Out Of Hell« außer »You Took ...«), Elf (»Sit Down Honey« etc.) und die Dire Straits ... – Spätestens da muss mir gedämmert haben, dass ich für Hitparaden nicht geschaffen bin, und ich habe meine Bemühungen eingestellt.

Eine Taschengelderhöhung erlaubte mir ab Frühjahr 1979 mehr Plattenkäufe, und diese zeugen – abgesehen von einzelnen Rückfällen wie den Dire Straits – von meiner endgültigen Hinwendung zum »Guten«: Nicht ohne heimlichen Stolz verfolge ich rückblickend meinen Weg von Yes (»Yessongs«, das Weihnachtsgeschenk meiner Mutter) zu Jimi Hendrix (»Electric Ladyland«, Februar 79), und von da in 35 Platten über die B 52's, Tonio K., die Residents, die Pop Group und die Pop Rivets, »No New York«, Siouxsie & The Banshees, Stravinsky, Pere Ubu und die Specials zu Iggy Pop (»New Values«, Dezember 79).

Warum ich mich so genau an die Chronologie erinnere? Warum ich weiß, dass »New Values« meine 55. LP war? Dass sie 14 Franken 50 gekostet hat? – Ja nun, was soll ich da noch vertuschen – wenn ich schon so tief in der Verarbeitung meiner Besessenheit stecke, kann ich auch gleich mein größtes und peinlichstes Geheimnis enthüllen.

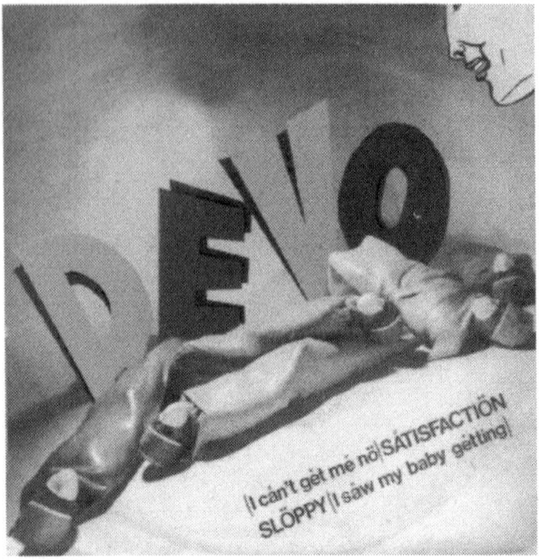

Devo,
»I Can't Get Me No Satisfaction«,
Single-Cover,
Stiff Records

Es widerstrebte mir bald, die Plattenhüllen mit meinem Namen und einer Nummer zu verunstalten, und deshalb legte ich, um die Übersicht über meine »Sammlung« zu bewahren, in meinem kleinen schwarzen Ordner die »Platten chronologisch«-Liste an, auf welcher ich die Platten in der Reihenfolge ihres Erwerbs auflistete. Damit nicht genug – am rechten Rand notierte ich auch den Kaufmonat und den Preis, und da ich ab September 1979 die meisten Platten nicht mehr bezahlte, sondern als Teilzeitangestellter des Plattenladens Roxy abarbeitete, setzte ich den Preis, den ich normalerweise hätte zahlen müssen, in Klammern. Am Ende des Jahres erstellte ich meine Statistiken, und 1980 etwa freute ich mich darüber, dass ich 67 Platten angeschafft und dafür 451 Franken 50 ausgegeben hatte, was einen Stückpreis von 6,75 bedeutet. 1985 sah die Statistik noch vorteilhafter aus: 782,50 für 153 LPs = 5,11/Stück.

Faszinierend, nicht wahr? – Und so lächerlich! So kleinlich! Von Anfang an war mir klar, diese buchhalterische Pingeligkeit ist absolut unrock'n'rollig – deshalb versteckte ich diese Listen besser als meinen Haschisch-Vorrat, und deshalb wusste, bis heute jedenfalls, fast niemand von ihrer Existenz.

(Wie bitte? Ob ich noch …? – Selbstverständlich führe ich diese Liste bis heute, ebenso zuverlässig wie verschämt und zwanghaft. Ich kann mir noch so einreden, es wäre ein Zeichen von Reife, zumindest auf das Zählen zu verzichten – es geht einfach nicht anders.)

Andererseits aber erzählt diese Liste, da mein Leben sich über weite Strecken in meiner Pop-Besessenheit spiegelt, ehrlich und ohne Beschönigung – aber in einem nur von mir entschlüsselbaren Code – meine Geschichte und macht die tausenden von Seiten meiner gewiss noch peinlicheren Tagebuchergüsse geradezu überflüssig.

Wenn ich den Eintrag 32) B 52's – »Play Loud« (August 79, 17,–) lese, läuft der heiße und euphorische Sommer 1979 wie ein Film vor meinem inneren Auge ab: Ich war

B-52's, »Play Loud«, LP-Cover, Island Records

zum ersten Mal und mit Begeisterung tief verliebt und ließ mich von meiner Ahnung, dass meine Gefühle nie erwidert würden, nicht beirren; im Gaskessel stieg ein Punk-Festival mit Sozz und Technicolor; ich las Hesse und Kerouac und schrieb selber pausenlos Gedichte, und fast jede Nacht und bisweilen sogar frühmorgens stürzte ich mich, allein oder mit Freunden, in die Aare, splitternackt, versteht sich, und ebenso nackt sind wir in unserem pubertären Übermut auch mal ums Schulhaus geflitzt.

1980 begann ich anspruchsvoll mit dem schrägen Avantgarde-Rock von Henry Cow, knallhart mit der kalifornischen Punk-Band The Germs, und weil die Angebetete ständig von Italien schwärmte, nahm ich auch gleich Gianna Nanninis »California« mit. Als auch ihr »fammi l'amore, forte, sempre più forte« nicht die erhoffte Wirkung zeitigte, versank ich in Trübsal, doch nur ein paar Wochen später entpuppte sich ein anderes Mädchen, mein Skilagerschwarm, als große Liebe – da kam Iggy Pops »I Need More« (auf »Soldier«, n° 80, März 1980, 16,50) gerade richtig, und auf unserer romantischen Wanderung um den Neuenburger See dozierte ich händchenhaltend über die Ästhetik der düsteren Klänge von Public Image Limiteds »Metal Box«. Frühlingssounds für frisch Verliebte, wie ich glaubte, ich Idiot. Weil ich trotz aller verinnerlichten Poptexte nichts über Beziehungen wusste und zu langsam lernte, habe ich als Freund wohl gründlich versagt – auch wurmt mich, dass ich es trotz penetranter Gehirnwäsche in zwei Jahren nicht geschafft habe, Regula den Konstantin Wecker auszutreiben.

Diese Liste erzählt viele Geschichten. Die einer anderen Freundin zum Beispiel – sie verließ mich, weil sie sich vorkam wie eine Platte unter vielen. Geschrieben hat Sylvie ihren Abschiedsbrief konsequenterweise auf der Plattenliste selber, zwischen CD 1462 (King Daddy Yod) und CD 1463 (va: »Raggabuzzin'«). Damit hat sie mich tief getroffen. Andererseits aber, muss ich gestehen, finde ich es schade, dass sie sich nicht noch ein paar Dutzend Platten lang geduldet und mich nicht erst zwischen CD 1525 (Kim Salmon: »Essence«) und CD 1526 (Alboth: »Amour 1991«) oder CD 1594 (The Dubrovniks: »Audio Sonic Love Affair«) und CD 1595 (King Missile: »The Way To Salvation«) verlassen hat. Das wäre der Stoff gewesen, aus dem die wirklich großen, traurigen Pop-Balladen sind.

0 6

»Unser Lied« oder: das richtige Mädchen?

Literarisch inspirierte Menschen tunken mürbes Gebäck in eine Tasse Tee, wenn sie sich auf die Suche nach der verlorenen Zeit aufmachen – dem Pop-Besessenen gelingt dies ohne Kalorienexzess. Es genügen zwei, drei Akkorde oder der Refrain eines Lieds, und – flash!back! – er wird durch Zeit und Raum gebeamt und landet mitten in einer Episode aus seinem Leben.

Erklingt das Intro des Kinks-Klassikers »Lola«, bin ich – zap! – wieder 22 und sitze in einer Diskothek im Hafenviertel Lissabons. Die Nacht ist weit fortgeschritten, und ich habe alle Hoffnung auf ein Abenteuer aufgegeben, als ausgerechnet das Mädchen, um das ich stundenlang (aber wie mir schien:) vergeblich gebuhlt habe, mich auf die Tanzfläche zerrt. Natürlich stutze ich ein paar Sekunden lang – ich war alt genug, um zu verstehen, dass »Lola« ein Transvestit ist – doch an Isabels Weiblichkeit besteht kein Zweifel.

Die Eigenart dieser mit ganz bestimmten Ereignissen verbundenen Lieder, auf die der Pop-Besessene reagiert wie der Hund auf Pawlows Stromstöße, ist, dass die Verknüpfung außerhalb seines Einflusses geschieht. Nicht er stellt in solchen Augenblicken den Soundtrack zu seinem Leben zusammen – es ist das Leben selber, das die Platte auflegt (beziehungsweise ein Radiosender, ein DJ oder ganz einfach sein Nächster), ohne sich um seine Wünsche oder Bedürfnisse zu scheren, und ohne dass er sich ihrer erwehren könnte.

Das kann hart sein, denn die passende Musik ist nicht nur im Kino ebenso wichtig wie die geschliffenen Dialoge. Was ist, wenn der Barmann keinen Geschmack hat, wenn der Radiosender die Top40 rauf und runter turnt, wenn die Nachbarn exzessiv laut Reinhard Mey hören? Und warum musste der Straßenmusiker, just als ich zum ersten Kuss ansetzte, Toto Cutugnos »L'Italiano« (besser bekannt als: »Lasciate mi cantare/con la guitarra in mano«) anstimmen? In solchen Fällen ist auch der mit sich selber strengste Pop-Narr nicht gefeit vor peinlichen Singles in seiner inneren Jukebox. So gibt es zum Beispiel drei Singles, die mich – boing! – ins Brasilien des Winters 1984/85 katapultieren. Nein, es ist nicht Gilberto Gils Saisonhit »Vamos Fugir«, es sind nicht die Trommeln magischer Candomblé-Zeremonien und endloser Samba-Nächte, es sind weder die exotisch anmutenden Punk- und New-Wave-Bands aus São Paulo und Belo Horizonte noch die Repentistas des Nordostens, nein, leider habe ich nach meiner Rückkehr in die Kälte auch … ach! – dazu lieber später … vielleicht.

Insbesondere Reisen und Romanzen drängen uns Lieder auf, in deren Nähe wir normalerweise nicht gesehen werden möchten. Die berühmteste Kategorie derartiger Musikstücke ist zweifellos »Unser Lied«, das in der von den mittelalterlichen Troubadouren geprägten Tradition okzidentalen Liebeswerbens an den Anfang fast jeder Lovestory gehört, und bei dessen Erklingen erwartet wird, dass sich das Paar auch nach der diamantenen Hochzeit (in gewissen Fällen sogar nach der Trennung) tief in die Augen schaut und vielsagend nickt.

Zeichnung:
Stephan Katz

Auch die Bedeutung der Sommer- beziehungsweise Urlaubshits, früher die einzige Chance von Schlagerstars aus so exotischen Ländern wie Italien und Spanien, bei uns Hits zu landen, ist bis heute nicht zu unterschätzen. Besonders allein reisende Leute sind dafür anfällig – schließlich schleppen die wenigsten ihre Plattensammlung mit.

Vielleicht ist genau das ein Fehler. Vielleicht sollte ein stilbewusster Pop-Besessener außer der Zahnbürste und den Präservativen auch Ohrstöpsel und ein paar Mixkassetten einpacken, um sich vor der Infektion seiner Gehörgänge zu schützen. Sonst kann ihm das passieren, was mir in Mexiko widerfahren ist: Ich habe mich in Maria verknallt, und zwar auf der Busfahrt von Oaxaca nach Puerto Angel. Auf dieser Busfahrt in einem Bus der dritten Kategorie (das sind die mit den Holzbänken) erging es mir wegen der Hitze und der Serpentinen auf der an sich spektakulär schönen und wildromantischen Bergstraße ziemlich übel, und »Maria«, die der Busfahrer pausenlos aus den altersschwachen Lautsprechern krächzen ließ, bewahrte mich (und vor allem meine Mitreisenden) vermutlich vor dem Schlimmsten. Die Folge: Ich habe »Maria« ein Jahr vor ihrer Kür zur Miss Eurosommercharts 1997 »un! dos! tres!« in die Schweiz entführt. Wie ist das, frage ich Euch, wie ist das anders zu erklären als mit einem Mangel an präventiver Hygiene? Anfänglich redete ich mich mit dem Argument heraus, Martins Eurohit sei ein kitschig aufgeblähter Remix des viel rassigeren Originals – was ich eines Tages in einem öffentlichen Test beweisen wollte. Leider.

Wenn es mir nicht allzu peinlich wäre (schließlich bilde ich mir ein, ich hätte einen Ruf zu verlieren), könnte ich auch bekennen, wie mir im Kuba des Winters 97/98 nicht nur die großen Hits von Los Van Van und Paulito F.G. einheizten, sondern … caramba! … auch – nachdem ich ihn oft genug aus eiernden Kassettengeräten und scheppernden Boxen habe plärren hören und er an einem besonders schönen Tag laut genug aus einem stehen gebliebenen Auto dröhnte, als ich in der mittäglichen Hitze durch die malerische Altstadt vom Markt nach Hause schlenderte und ganz einfach glücklich war, in Havanna zu sein … – der

Culture Club, »The War Song«, Single-Cover, Virgin Records

eine Hit der … ähm, ja … der Backstreet Boys (»Backstreet's Back« oder so ähnlich). Ich fand vor allem das Intro supergeil, und als mich die Erkenntnis, um welche Band es sich da handelte, wie ein eisig kalter Blitz zerriss, war es schon zu spät. Der Song hatte sich in meine Seele eingeätzt (und ist nun unglücklicherweise Teil meines Kuba-Soundtracks).
Derartige unkontrollierbare Phänomene führten schon nach meiner Rückkehr aus Brasilien zum Kauf von drei Singles: Weil sie dort pausenlos im Radio abgedudelt worden waren, erlag ich dem Irrglauben, meine »saudade« dämpfen zu können, indem ich ausgerechnet »The War Song«, die schlaffe Pazifisten-Schmonzette des Culture Club, auflegte oder, noch schlimmer, »I Just …« … (nein, für *dieses* Geständnis bin ich noch nicht bereit.)

Neben seinen Reisen- und Romanzen-Charts trägt der Pop-Fan auch sein inneres MTV mit sich herum – eine Videothek voller Songs, die mit ganz bestimmten Erinnerungen

Suicide, »Suicide«, CD-Booklet, Mute Records

und Bildern verknüpft sind und diese unweigerlich auf die innere Leinwand projizieren.

Suicide: »Frankie Teardrop«, und – splash! – es regnet im herbstlichen Bern der frühen Achtzigerjahre. Wir sitzen am Küchentisch eines sozusagen besetzten Hauses (Dans Eltern weilen im Urlaub). Es riecht nach kalter Pizza, säuerlichem Chianti und süßlichem Qualm, das Licht haben wir gelöscht, auf dem Bildschirm flimmert Erich von Strohheims »Greed«. Aus dem Wohnzimmer dringt der monoton wummernde Minimaltechno von Suicide, Alan Vega beklagt mit bedrohlich fauchender und verletzlich wimmernder Stimme das Schicksal des »twenty year old Frankie«, der aus materieller Not erst sein Baby, dann seine Frau und zuletzt sich selbst erschießt. Alan Vega schreit über das kalte Synthiepochen, in meinem Kopf wirbeln Klänge und Bilder wild durcheinander, Alan Vega kreischt und schluchzt, und ich glaube zu sehen, nein! ich *sehe*, wie ein liebesbekümmerter Freund sich im Wohnzimmer die Pulsadern aufschneidet … – Ich ˈ ᵉrde von Panik ergriffen, ich sehe ihn in einer Blutlache liegen, langsam verenden, mir wird übel, aber ich bringe kein Wort über die Lippen, ich kann nicht aufstehen … – bis die Platte zu Ende ist und der Totgeglaubte sich wieder zu uns gesellt.

Auch die durchaus seriösen Selbstversuche mit Rauschgiften und Musik mündeten bisweilen in verblüffenden Visionen und Erkenntnissen. So gehört Beethovens 9. Symphonie zu meinen Lieblingsvideos: Ich bin – wham!blam! – Soldat in Napoleons Armee. Auf dem Rückzug aus Russland kämpfe ich mich ausgehungert und durchgefroren durch eisige Schneestürme. Jedes Mal wenn ich innehalte, um zu verschnaufen, stürzt sich ein Schwarm nackter Barock-Engelchen mit Pausbacken auf mich und sägt im Rhythmus der Streicher an mir herum. (Versteckte Beethoven subliminale satanische Botschaften in seiner Musik?)

Nun, solange sich gute Musik auf dem Plattenteller dreht, ist das alles ja kein Problem. Was aber, wenn der aus »Asterix« bekannte innere Schmied den inneren Troubadix nicht früh genug mit einem gezielten Hammerschlag zum Erstummen bringt und sich frag- oder gar verabscheuenswürdige Musik in den Soundtrack einschleicht?

An dieser Stelle möchte ich mit einem oft gehörten Missverständnis aufräumen: Der Pop-Besessene ist nicht identisch mit dem Pop-Puristen. Beiden gemein ist nur, dass der »gute Geschmack«, der im richtigen Leben relativ ist, in ihrer Welt eine absolute Größe darstellt. Abgesehen davon sind beide anders geartet: Der Besessene ringt zwar um den korrekten Soundtrack in allen Lebenslagen, doch wird sein Geschmack nur bedingt vom Verstand gesteuert – sein Geschmack ist ein irrationales Phänomen voll unerklärlicher Rätsel und Widersprüche. Im Gegensatz zum streberischen Puristen schottet sich der Besessene nicht vor äußeren Einflüssen ab, er verschlingt alles, was er hört und – er kann nicht lügen: Er *muss* gut finden, was ihm gefällt, auch wenn ihn seine so genannten peinlichen Lieblingslieder in Gewissenskonflikte und Sinnkrisen stürzen, auch wenn seine Selbstzweifel ihn in existenzielle Verzweiflung treiben. Wie zum Beispiel die beiden anderen Singles, die ich in meinem nachbrasilianischen Kater gekauft habe: Stevie Wonders »I Just Called To Say I Love You« und, weit schlimmer noch … (siehe – vielleicht – unten).

Irgendwie muss ich diesen schleimigen Telefonsex ja gut gefunden haben. Aber wie? War ich taub wie Professor Bienlein, dass ich diesem Verbrechen der Härte 7,9 auf der nach oben offenen Castafiore-Skala musikalischer Missetaten etwas abgewinnen konnte? Traumatischer noch: Im Zeitalter der Mobiltelefonie erlebt dieser süßliche Seim eine Renaissance, und jedes Mal, wenn Wonder in den Hörer geifert, peinigt mich das Wissen, dass ich diese Single besitze, und weil ich dann erröte, bin ich überzeugt, dass meine Mitmenschen mir ansehen, dass ich diese Single besitze (und mich dafür schäme), und für sowas gibt's weder mildernde Umstände noch Mitleid, sondern nur, und das völlig zu Recht, Spott und Verachtung …

Der peinliche Lieblingssong ist ein höchst interessantes, aber immer noch zu wenig erforschtes Phänomen, und ein immer wieder beliebtes Gesprächsthema – vor allem wenn man sich über die Geschmacksverirrungen anderer unterhält.

Warum habe ich plötzlich das Radio lauter gedreht, als Tom Jones' »Sex Bomb« lief? Warum war ich plötzlich glücklich, ja euphorisch? Warum wurde mir schlagartig und unwiderruflich bewusst, dass dies der heißeste Song der

Saison war? Lag es am Titel, der mich an meine Jugend erinnerte, in welcher »Playboy« als Berufsbezeichnungen für Männer wie Gunter Sachs und »Sexbombe« für Frauen wie Brigitte Bardot und Bo Derek durchaus üblich waren? Lag es an Tom Jones selber, der in seiner Peinlichkeit cooler ist, als die Marsmenschen erlauben? Lag es an Mousse T., dessen »Horny, Horny, Horny« 1998 mein heimlicher Favorit gewesen war, und der Tom Jones einen Song und einen Sound verpasste, in welchen man das hautenge, bauchnabelfreie Glitterhemd mit breitem Kragen, das dichte schwarze Brustfell und die schweren Goldketten geradezu hört? Oder sollte ich gar nicht um Erklärungen für diese offensichtliche Geschmacksverirrung ringen? Sollte ich nicht lieber einfach gestehen, dass ich »Sex Bomb« trotz aller Gründe, die dagegen sprechen, schlicht geil (ja genau: geil) fand? Und finde? Und »Sex Bomb« monatelang mehrmals täglich auflegte. Und jedes Mal glücklich strahlte. Aber: Warum war das so? Warum bloß? Und: Warum erzähle ich euch das alles?

Gute Freunde reden mir manchmal gut zu. Sie sagen: Erst die peinlichen Lieblingssongs verleihen dem Leben und der Plattensammlung Würze und Charakter. Sie sagen auch: Ist nicht der Moment, wo du ein vergangenes Jahr Revue passieren lässt und dir überlegst, welches dein peinlichstes Lieblingslied gewesen ist, ein besonders schöner und bedeutungsvoller Moment? Sie beruhigen mich: Leute mit einem makellosen Musikgeschmack sind ebenso langweilig und unsympathisch wie Menschen, die immer perfekt gestylt durch den Alltag schweben und in perfekt designten Wohnungen hausen. Das ist ja alles schön und gut und so wahr, entgegne ich dann, aber – was wollt ihr damit eigentlich sagen? Bin ich denn kein perfekt gestylter Typ in einer perfekt designten Wohnung?

Fred Frith, »Gravity«, LP-Cover, Ralph Records/RecRec

Das ist der Moment, wo auch meine wohlwollendsten Freunde sich seufzend von mir abwenden.

Die größten Spannungen zwischen Leben und Musik spielen sich zweifellos im Bereich der Liebe ab. Inwieweit ist der Pop-Besessene verantwortlich für den Musikgeschmack der geliebten Person? Inwieweit ist er verpflichtet, sich ihm auszusetzen? Oder, anders gefragt: Was ist wichtiger – das richtige Lied oder das richtige Mädchen? Im besten Fall geht das Hand in Hand – was aber, wenn nicht? Oder, noch anders gefragt: War etwa nicht meine Schüchternheit, sondern meine Besessenheit der Grund, warum ich in meiner Jugend so lange keine Freundin hatte? Scheiterten meine Anbändeleien am obligaten »Unser Lied«? Oder hörte ich in den frühen Achtzigerjahren die falsche Musik?

Fred Frith: »Gravity« und – zoom! – ich koste glücklich den süßen Nachtisch, mit dem mein Schwarm mich an meinem 18. Geburtstag verwöhnt. Zur Feier lege ich dieses Glück und Seligkeit spendende Album auf – und nach wenigen Minuten zerreißt sie die harmonische Stimmung mit der schnippischen Frage, »Ist das denn noch Musik?« Alles ist aus. (Zehn Jahre später treffe ich sie wieder. Bei einem Fred-Frith-Konzert. Natürlich. Sie schwärmt nicht nur von Fred Frith, sondern auch von der »Improgruppe« ihres Freundes. Der »Improgruppe«! Ha! Ob die Klänge einer Improvisationskapelle mit gutem Gewissen »Musik« genannt werden dürfen, wage ich heftig zu bezweifeln. Aber das ändert leider nichts an der Tatsache, dass ich in ihrem Leben – seufz – zehn Jahre der Zeit voraus gewesen bin.)

Die Musik stand meinem Liebesglück oft im Weg. Zu lange war ich überzeugt, dass jemand, der meine musikalischen Vorlieben nicht nachvollziehen kann, mich nicht versteht, und wer »meine« Musik nicht mag, mich unmöglich lieben kann, und alles wurde durch meine Neigung für obskure Bands und abartige Stile zusätzlich erschwert. Zu lange habe ich nicht verstanden, dass Liebe auch die Großzügigkeit bedeutet, über den »schlechten« Musikgeschmack des anderen hinwegzuhören.

Das war mir völlig fremd: Entgeistert – schluck! – sehe ich Cristina eine Kassette der Ersten Allgemeinen Verunsicherung einlegen. Bestimmt trägt mein Vorgänger die Schuld an diesem Missgriff, denke ich zuerst, dann entschuldige ich sie damit, dass sie diese Lieder zur Vervollkommnung ihrer Deutschkenntnisse benutzt … – doch nein, sah ich bald konsterniert ein: Sie findet sie wirklich witzig!

Sogleich bemühte ich mich um ihre Bekehrung, doch sie fand mich in meiner damaligen Lieblingsrolle als klugscheißender Pop-Dozent allenfalls ein paar Minuten lang niedlich und unterhaltsam – wie man ein exotisches Streicheltierchen oder ein verirrtes Alien süß findet, aber heimlich auslächelt –, und wandte sich dann wieder wichtigeren

Dingen zu. Als mein Terror nichts fruchtete, redete ich mir ein, dass unserer Beziehung keine Zukunft beschieden war, und folgerichtig kam es nach ein paar Monaten zur Trennung wegen »musikalischer Differenzen«.

Das heißt nicht, dass der Pop-Besessene eine Pop-Besessene zum gemeinsamen Glück sucht. Gar nicht. Ich habe mich immer nur mit großer Vorsicht auf Frauen eingelassen, die zu geschmackssicher waren und zu gut wussten, warum sie welche Musik hörten. Diese Form von Emanzipation war mir immer etwas unheimlich. Außerdem war ich ich mir sicher, dass jemand, der »meine« Musik gut versteht, mich zu sehr durchschaut – und auch das war mir nicht lieb.

Der (die) Pop-Besessene setzt sich für eine klare Rollenverteilung ein: Er (sie) will über gut und schlecht entscheiden. Er (sie) hat immer Recht. Er (sie) beansprucht die Kontrolle über die Stereoanlage.

Deshalb sucht der Pop-Besessene bevorzugt die Liebe von Menschen, die zwar Geschmack, aber keine zu ausgeprägte musikalische Bildung haben. Da ist meine Liebste eine echte Traumbesetzung: Sabine besaß nie einen Plattenspieler, und ihren CD-Player kaufte sie zwei Tage vor meinem ersten Besuch. Aber sie hat viel Geschmack, und auf diese gute Anlage habe ich eingewirkt, indem ich ihr Kassetten aufnahm, CDs statt Blumen schenkte und sie auf Konzerte einlud. Ich bin behutsam vorgegangen, denn nach dem Fiasko mit Cristina habe ich gelernt, meinen missionarischen Eifer zu zügeln, und nun mag sie das meiste, was ich liebe. Und was ich nicht mag, kriegt sie eh kaum mit. Nach ein paar Jahren bescherte Sabine mir ein wunderbares Erfolgserlebnis, als sie mich mit der exquisiten Platte einer mir nicht bekannten Band überraschte, und seither ist das finnische Instrumentaltrio Aavikko sozusagen »unsere Band«.

Aavikko, »Derek«, CD-Cover, Humppa Records

So weit, so gut. Aber: War ich je wegen eines Mädchens *Fan* von irgendwem, irgendwas, das ich eigentlich nicht hätte mögen sollen, dürfen, können? Habe ich aus Liebe zu einer Frau, aus Gier für ein Mädchen je eine Platte aufgelegt, die ich auch in jenem Moment eigentlich verabscheute?

Ich bin tief in mich gegangen, in der Hoffnung, ich könnte dich, werter Leser, liebe Leserin, mit weiteren Anekdoten ergötzen, doch komme ich zum Schluss, dass ich das nie getan habe. Und letztlich ist mir diese sture Kompromisslosigkeit weit unangenehmer als alles andere. Wie gerne würde ich erzählen, dass ich mal, um mich einzuschmeicheln, Sting aufgelegt habe, Patent Ochsner oder Eros Ramazotti, aber auch mit den Eurythmics oder Chris Isaak würde ich mich begnügen … – allein: nichts dergleichen.

Blumen habe ich geschenkt, mit Kerzenlicht Stimmung erzeugt, Champagner in große Gläser gegossen, kreatives Chaos inszeniert, einmal sogar eine rote Glühbirne eingeschraubt, aber ein Mädchen mit Musik, die ich nicht mag, bezirzt – nein, auf einen dermaßen perversen Trick habe ich nie zurückgegriffen. Eher habe ich die Momente, in denen ich mit der Begehrten auf dem Bett rummachte (das schöne Wort »Petting« war leider aus der Mode gekommen, als ich mich endlich wieder traute, Doktor zu spielen), zu Weiterbildung und Propaganda missbraucht und etwa die Young Gods aufgelegt – »Envoyé!« (die optimistisch-eindeutige Variante) zum Beispiel oder »L'Amourir« (nachdenklich-zweideutig).

Mit dem Siegeszug der CD ist nicht nur die Kunst der Cover-Gestaltung verloren gegangen, sondern auch die Kunst des Plattenauflegens beim Knutschen und Poppen. Das Ende einer Plattenseite erzwang alle rund zwanzig Minuten eine Unterbrechung. War die Affaire weit genug gediehen, konnte man die plötzliche Stille gut überhören, es sei denn, die kleine Schwester saß in ihrem Zimmer und lauschte mit. Bedingung war allerdings ein halbautomatischer Plattenspieler oder eine Vorrichtung, die den Tonarm aus der letzten Rille hob, denn das »krch – krch – krch« der Endlosrille ist der ärgste Liebestöter überhaupt – schlimmer noch als die ins Zimmer polternde kleine Schwester. Andernfalls konnte man die Pause nutzen, um entweder mit der Seite B im selben Groove weiterzufahren oder mit einer anderen Platte einen Rhythmus- oder Stimmungswechsel zu bewirken. Die CD bietet weniger Gestaltungsmöglichkeiten – die richtige Wahl ist viel entscheidender, da man einer CD bis zu 78 Minuten lang ausgeliefert ist. Während der laufenden CD aufzustehen und was anderes einzulegen, ist nicht nur unhöflich, sondern raubt dem Musikteppich den Anschein von Spontaneität, den er nötig hat, um die erhoffte subliminale Wirkung zu entfalten.

Mink de Ville: »This Must Be The Night« – whizz! – Sie ist nicht nur wunderschön, intelligent, gebildet und charmant, nein, sie hat auch einen sehr korrekten Musikgeschmack. Ich lege Mink de Ville auf, und unversehens – Träume werden wahr! Das muss die Nacht sein! Aber … Unvermittelt unterbreche ich in Gedanken meine feurigen Lustbezeugungen und … »Mink de Ville?« frage ich mich, »will ich wirklich, dass Mink de Ville für immer mit dem verbunden bleibt, was mich in den nächsten Stunden erwartet?«

Es war natürlich zu spät, noch aufzuspringen und einen besseren Soundtrack für diesen Heimporno aufzulegen – doch dieser kurze Moment meiner sinnlichen Abwesenheit erlaubte es auch ihr, unser Treiben zu hinterfragen. Und: Sie löste sich aus meiner Umklammerung, rückte ihre Bluse zurecht, strich eine Strähne aus dem geröteten Gesicht und flüsterte etwas von ihrem Freund, mit dem sie am frühen Morgen ins Wochenende verreisen müsse.

»This Must Be The Night« – ha! – So einsam und leer können die Nächte des Pop-Besessenen sein, wenn seine Besessenheit unbeherrscht gegen ein potenzielles »unser Lied« zuschlägt und ihn aus Sorge um den perfekten Soundtrack am richtigen Leben vorbeistolpern lässt.

The Young Gods, »The Young Gods«, LP-Cover, Organik Records

07

Die Schule des Lebens

Schon bald war ich Pierres liebste Aushilfe. Ich war zuverlässig, pünktlich, ehrlich, flexibel, allzeit bereit und anspruchslos. Während die anderen sich von Mofas, Sport und Mädchen ablenken ließen, gab's für mich nur das Eine, mein Leben kreiste mit 33 1/3 rpm um die Popmusik, und ich hatte meinen Traumjob gefunden: Ich (16) verteilte Flugblätter für einen Plattenladen.

Natürlich hatte ich zuvor, im Hinblick auf den Kauf einer Stereoanlage, etliche der damals üblichen Ferienjobs getestet – unter anderem hatte ich in einer Druckerei malocht, in der Stadtmühle Mehlsäcke geschleppt, bei der Post Ersttags-Briefumschläge für Markensammler gezählt, in der Metzgerei meines Onkels Schweine ausgebeinelt ... Diese Tätigkeiten machten jedoch nicht nur keinen Spaß – sie machten, schien mir, ebenso wenig Sinn.

Vermutlich ist das Geld für den einfachen Geist des Besessenen eine zu abstrakte Größe, und die Vorstellung, mit einem beliebigen Beruf das Geld ranzuschaffen, das er in erster Linie zur Finanzierung seiner Leidenschaft benötigt, erscheint ihm gar kompliziert. Wozu dieser Umweg? Warum nicht gleich für das Lebensnotwendige arbeiten? (Dass viele Drogensüchtige ähnlich denken und deshalb zu Dealern werden, ist mir bewusst.) Im Roxy, Berns bestem Plattenladen aller Zeiten, in den ich, ehe ich im Herbst 1979 eingestellt wurde, den größten Teil meines Taschengelds investiert hatte, wurde ich nicht mit schnödem Geld, sondern mit den Platten meiner Wahl entlohnt. In konjunkturell guten Zeiten bedeutete dies eine Langspielplatte für eine Stunde Vergnügen und Weiterbildung. Ohne Sozialabzüge und steuerfrei.

Meine Karriere im Musikgeschäft ging zügig voran – bald wechselte ich von der Gasse in den Laden und verkaufte Platten. Ich hatte es geschafft! Ich war nicht mehr der unsichere Fan, der unterwürfig um das »Kurz-mal-Reinhören« bitten musste und stolz errötete, wenn der Verkäufer das Wort an ihn zu richten geruhte – jetzt war *ich* der Halbgott hinter der Theke und Herr über (mindestens) 50.000 Platten. Und das kam meiner Vorstellung vom Paradies ziemlich nahe.

Roxy-Records, die Plastiktüte zum Plattenladen

Ich beriet die Kunden und versuchte, ihnen meine Lieblingsplatten aufzuschwatzen; ich löste musikalische Rätsel (»Ein Lied von Iggy Pop, und der Refrain geht so: ›Lálalála-Laalálalaaaa‹?« – » ›The Passenger‹ natürlich«); ich staunte über die Wünsche frühreifer Knirpse, die kaum über die Theke ragten (»Habt ihr die Toten Hosen – ›Ficken Bumsen Blasen, alles auf dem Rasen‹ ?«); ich ärgerte mich über die Idioten, die eine LP nur kauften, wenn sie versiegelt war, und noch mehr ärgerte ich mich ein paar Jahre später über dieselben Idioten, wenn sie nur eingeschweißte CDs wollten; ich grinste frech, wenn um ihren Ruf besorgte Kunden behaupteten, die Duran-Duran-, oder Kim-Wilde-Platte sei ein Geburtstagsgeschenk für die kleine Schwester; ich bediente die coolen Szenegrößen ebenso gern wie die Mütter, Tanten und Patinnen, die mir die kaum leserlichen Wünsche ihrer Söhne, Neffen und Patenkinder zustreckten, und am letzten Samstag im Monat freute ich mich auf die Hardrock-Fans, die mit ihren Lohntüten und ihren Bräuten in den Laden kamen und Unmengen Kohle für angeblich limitierte Picture-Discs abluden …

Kurz: Ich war glücklich. Der Plattenladen war der Ort, wo meine Besessenheit angebracht war. Hier fiel sie nicht negativ auf. Sie nützte mir. Wenn keine Kunden da waren, nahm ich mir einen Buchstaben im Sortiment vor und guckte, was es alles für Bands und Musiker gab, deren Namen mit »S« begannen. Was ich nicht kannte, legte ich auf – sogar Bands wie Savoy Brown. Ich memorisierte Bandnamen, Plattentitel, Plattencover. Ich lernte auswendig, ich fertigte Listen an, ich nahm Kassetten für mich und für Freunde auf. Alles interessierte mich. Niemand hielt mich für verrückt oder lächerlich (glaubte ich jedenfalls), man hielt mich für cool, und meine Meinung galt etwas (redete ich mir ein). Manchmal erhielt ich Freikarten für Konzerte (Wall of Voodoo im Fri-Son zum Beispiel), manchmal luden mich wildfremde Leute zu Partys ein, manchmal fragten mich Kunden auf Konzerten nach neuen Platten aus … – manchmal hatte ich den Eindruck, ich sei praktisch schon fast ein wenig berühmt. »Ich bin im Musikbusiness« klingt doch wesentlich glamouröser als »Ich bin Student«.

Die Selbstsicherheit, die ich im Roxy entwickelte, stieß aber immer wieder an ihre Grenzen: An einem Donnerstagmittag während des Sixties-Psychedelic-Punk-Revivals hatte ich ein Minialbum des früheren Seeds-Sängers Sky Saxon aufgelegt und wollte sie schon selber einstecken, als eine Kundin mich darum bat. Ich ahnte, dass es schwierig sein würde, dieses Teil nachzubestellen – der Verkäufer stritt sich mit dem Fan, ich litt Höllenqualen, und schließlich gewann der Mädchenfreund. Denn sie hatte langes, schwarzes Haar und ein edles, blasses Gesicht, und für mich wäre es das höchste aller romantischen Gefühle gewesen, mich in ein Mädchen zu verlieben, das mir eine Sky-Saxon-Platte abkauft. Ich hoffte, sie würde meine Geste so zu schätzen wissen, dass sie mich zu sich nach Hause zum Sky-Saxon-Hören einladen würde, doch leider wollte sie nur die Platte und nicht den Verkäufer.

Vielleicht ist es auch besser so. Was wäre geschehen, wenn sie mich zu sich eingeladen hätte? – Wir hätten uns verliebt, wir wären zusammengezogen, und irgendwann hätten wir uns wieder getrennt. Und dann hätten die wahren Probleme begonnen: Wem gehört die Sky-Saxon-Platte nun wirklich? »Unsere« Platte? Wer darf sie mitnehmen?

Für den Pop-Besessenen ist ein gut geführter Plattenladen ein kosmischer Erlebnisraum, eine Art Paralleluniversum.

Mehrere klar abgegrenzte Galaxien (Rock/Pop, Jazz, Klassik, Soundtracks o. Ä.) sind in Sonnensysteme (Stile, Epochen) unterteilt, in denen strahlende Sterne, bunte Planeten und unauffällige Monde klingen. Feurige Kometen rasen durch die Spiralnebel, Sternschnuppen blitzen auf, Sonnen ex- und implodieren, Planeten sterben (klingen aber Tonträger sei Dank weiter), und überall höhnen auch schwarze Löcher (wenn ich wochenlang nichts anderes als die neue Pink Floyd bzw. Tina Turner bzw. Dire Straits bzw. Phil Collins eintüten musste).

Trotz des Wissens um die Unmöglichkeit, je alle Platten auflegen zu können, war das Roxy überschaubar, und das Ziel, als Kosmonaut auf allen Milchstraßen zu wandeln, alle Sonnensysteme zu erforschen und möglichst viele Planeten zu betreten, verlieh dem Dasein irgendwie Sinn. So war es nicht weiter erstaunlich, dass ich das Roxy fast täglich aufsuchte. Egal ob wieder mal der Dritte Weltkrieg drohte, egal ob ich mich unglücklich verliebt durch eine nachpubertäre Depression quälte, egal ob die Polizei wie-

The Jesus & Mary Chain, »Upside Down«, Single-Cover, Blanco Y Negro

der mal mit der Räumung des AJZ drohte – im Roxy fühlte ich mich geborgen, geradezu glücklich. Da hatte alles seine Ordnung: The Sisters of Mercy standen zwischen Siouxsie and the Banshees und den Slits, die Violent Femmes zwischen Alan Vega und Wirtschaftswunder, für Jesus and Mary Chain richtete ich ein Fach vor Joy Division/New Order ein, David Thomas gehörte zu Pere Ubu, Wiseblood zu Foetus, dass die Lounge Lizards bei den New-Wave-Platten standen, wurde komischerweise nie beanstandet, und wenn es zu Umstellungen kam – als zum Beispiel Depeche Mode (ca. 1983) oder die Talking Heads (ca. 1986) von der Punk-/New-Wave-Abteilung ins allgemeine Sortiment verbannt wurden –, waren sie wohl begründet.

Auf die therapeutische Wirkung, die das Ordnen seiner Plattensammlung auf die Seele des Pop-Besessenen ausübt, ist bereits in anderen Fachbüchern eingegangen worden. Ich kann nur bestätigen, dass auch ich Momente des Trübsals oder emotionaler Schwankungen erfolgreich mit meinen Platten und CDs lindere: Ich trete so nahe vor sie hin, dass sie die restliche Welt aus meinem Blickfeld verdrängen, und dann beginnt meine Aufgabe. Ich ziehe diejenigen heraus, an deren richtiger Einordnung ich Zweifel hege – kommen La Mano Negra zu L oder M? Und warum stehen sie noch in der internationalen Zone? Ab zu den Franzosen mit ihnen! Und Manu Chao – soll ich ihn korrekt bei »französisch C« einordnen oder aus Einfachheit und lautmalerischen Gründen zu La Mano Negra (die man in Paris schon früher La Manu Negra nannte)? Was ist mit Kraftwerk? Soll ich sie bei den Deutschen lassen? Oder in die Abteilung für elektronische Musik zügeln? Warum nur tummeln sich Dee-Lite im Rap? Wäre Fred Friths »Step Across The Border« nicht bei den Soundtracks besser versorgt? Wäre es nicht am besten, ich hätte zwei Exemplare davon? … – Bisweilen meditiere ich über neue kosmische Ordnungen (Nach Erscheinungsdatum? Nach meiner »Platten chronologisch«-Liste? Nach präzis definierten Stilen und ihren Subgattungen und Subsubgenres?) oder gebe mich kühnen Spekulationen hin (Wie wär's, wenn alles nach Farben sortiert wäre? Oder nach Spieldauer?), und die Suche nach Lösungen auf diese oft paradoxen Fragen ist für mich, was für andere der Rubrik-Würfel war und Kreuzworträtsel sind: Solange ich mich damit beschäftigen kann, geht es mir gut.

(Bis heute bin ich auch in Plattenläden nicht in der Lage, falsch eingeordnete CDs *nicht* ins korrekte Fach zu stellen. Dabei bin ich mir durchaus bewusst, dass ich unter Umständen die Strategie eines anderen Kunden sabotiere – wenn ich mir über den Kauf einer Platte noch unschlüssig war oder mir das Geld fehlte, verstaute ich die Platte sicherheitshalber in einem falschen Fach. Wichtig war dann nur, mich zu erinnern, in welches Fach ich zum Beispiel Alex Chilton gestellt hatte, Yes oder Genesis?)

Manu Chao, »Clandestino«, CD-Cover, Virgin Records

Der Böse Bube Eugen, »Pirmin«, Single-Cover, Organik Records

Wichtiger als alles andere war aber, dass ich vom Oktober 79 an meinen Hunger nach Platten stillen konnte, ohne viel Geld auszugeben: Zwischen »Not Available« von den Residents und »Regen im Park« von Der Böse Bube Eugen liegen genau sieben Jahre, 680 Schallplatten und eine Compact Disc, die ich größtenteils im Roxy abverdient habe (für die übrigen Platten gab ich Fr. 2718,40 aus, das sind pro Jahr Fr. 388,35 und im Schnitt 3,99 pro Platte).

Der Tonträger spielt im Dasein des Pop-Besessenen eine zentrale Rolle, doch ist dieser – um ein weiteres Missverständnis aus der Welt zu schaffen – nicht automatisch auch ein Sammler. Die beiden Typen sind zwar durch keine klare Grenze getrennt, sondern durch eine Grauzone ähnlicher zwanghafter Verhaltensweisen verbunden, doch liebt der Besessene, wie ich es jedenfalls mir und den anderen gern einzureden pflege, in erster Linie den Ton und nicht den Träger. Obschon ich eine nicht gerade unbedeutende Anzahl von Singles, Maxis, LPs, CDs, Kassetten, DATs u.v.m. horte, wehre ich mich vehement gegen den Verdacht des Sammelns. »Nein!« rufe ich wider diesen Vorwurf an, »nein! nein! nein!« und behaupte beispielsweise: »Eine CD-Wiederveröffentlichung macht mich ebenso glücklich wie eine rare Erstpressung«, und so was wie einen Beweis habe ich immer zur Hand: »Erst vor kurzem habe ich eine spanische Pressung von Iggy Pops ›New Values‹, deren Titel auch auf Spanisch untertitelt (›nuevos valores‹) auf dem Cover stand, gesehen und – nicht gekauft!« Ergo: »Ich! bin! kein! Sammler!«

Aber: Ich bin stolz auf »Are We Not Men?« von Devo in milchglasfarbenem Vinyl. Natürlich zeige ich PILs »Metal Box« in der Filmbüchse gern vor, und in ein paar Jahren werde ich dasselbe auch mit der »Metal Box« des Drum&Bass-Labels Metalheadz tun. Ich erfreue mich an obskuren Perlen wie Jon Waynes unterdessen von Quentin Tarantino und Roberto Rodriguez in »From Dusk Till Dawn« geadeltes »Texas Funeral« von 1985.

Ich bereue es, Talking Heads »Speaking In Tongues« im Robert-Rauschenberg-Cover aus lauter Geiz (32 Franken

Jon Wayne, »Texas Funeral«, LP-Cover, Hybrid Records

Residents, »Not Available«, LP-Cover, Ralph Records

waren mir zu viel) nicht gekauft zu haben. Besonders glücklich bin ich perverserweise über »Not Available« von den Residents: Der wüste Kratzer, der die ganze zweite Seite zur unhörbaren Qual macht, ist schließlich der Beweis, dass es sich um eines der wenigen Exemplare der fehlerhaften Erstpressung handelt, die nicht eingeschmolzen wurden.

Das ist aber nicht der Stolz des Sammlers auf den Besitz des Seltenen und Wertvollen – dem Besessenen geht es vielmehr um den Beweis, diese Platten gleich bei Erscheinen, also früher als die meisten Mitmenschen, gekauft zu haben. (»Snobismus und Angeberei!« spottet eine böse Zunge. Na und?) Die Plattensammlung spiegelt sein Leben wider wie ein Tagebuch, und deshalb ist es für ihn, wenn er sie heute um ein bislang fehlendes Album von Esquivel, Hüsker Dü oder XTC ergänzt, bedeutungslos, ob es sich um das Original handelt oder eine Wiederveröffentlichung – es sei denn, er ist ein Hochstapler, der sich eine erlogene Biografie zusammenkauft.

Der wahre Pop-Besessene besitzt nicht, er wird besessen; er hat nicht nur gern *gute* Platten, sondern noch lieber *viele gute* Platten; trotzdem hat er kein echtes Bedürfnis nach kompletten Kollektionen, er braucht nicht jede Single und alle Bonus-Tracks eines Musikers, und er ist zu großen Säuberungen sehr wohl fähig (die drei größten großen Säuberungen: April 1992 – rund 600 Opfer; Oktober 1996 – rund 1500 Opfer; November 1999 – rund 450 Opfer), auch wenn die großen Säuberungen immer wieder reuige Nachkäufe zur Folge haben (z. B. »Sound On Sound« von Bill Nelson's Red Noise: Entsorgt für 3,–, wiedererworben für 45,–, seither natürlich kein einziges Mal aufgelegt).

Der Pop-Besessene ist ein Jäger, der immer neue Musik aufspüren muss, um seine Gier zu befriedigen, und deshalb ist er mit dem Drogensüchtigen näher verwandt, als ihm lieb ist.

Mit ungeheurer Wucht schlug Mitte der Achtzigerjahre ein Meteoritenschwarm im Roxy ein: Die CD, eine harte, kalt

Hüsker Dü, »New Day Rising«, CD-Cover, SST Records

glänzende Silberscheibe, die sich angeblich auch als Teetassenuntersatz eignete, pulverisierte die kosmische Ordnung. Wie viele andere war ich skeptisch, doch vermochte ich der Versuchung nicht zu widerstehen, als mir 1986 eine Residents-CD in die Hände fiel – das Abspielgerät kaufte ich drei Jahre später. Mit unverhohlener Schadenfreude empfing ich aber die Kunden, die ihr ganzes Vinyl billig abgestoßen und durch teure CDs ersetzt hatten und dann völlig aufgelöst in den Laden wankten, weil viele CDs damals schlicht beschissen klangen. Ich erinnere mich an Santana-Teile, auf denen eiskaltes Rauschen die Gitarre überdeckte (und weit unangenehmer störte als das vergleichsweise organisch atmende Knistern und Knacken verlebter Schallplatten).

Es gab viele Gründe, über die CD zu lästern: die verkümmerten Umschläge, die musikpolitische Korrektheit, den angeblich sterilen Sound, den mutmaßlichen Datenverlust nach ein paar Jahren (eine Vorstellung, die ich heute noch lieber verdränge!) usw. Mein hauptsächliches Problem war aber das Hantieren mit den neuen Dingern: Eine CD mit unnatürlich gespreizten Fingern aus der Plastikschachtel zu klauben und in einen schwarzen Schlitz zu schieben, ist nicht zu vergleichen mit dem sinnlichen Genuss, eine warme, weiche Vinyl-Scheibe behutsam aus einer schönen Hülle zu ziehen und zärtlich auf den Plattenteller zu betten. Gewöhnungssache, wie ich nun weiß, aber als Pierre das Sonnensystem Punk/New Wave an den Rand der Galaxie beamte und durch ein grellweiß bemaltes, von grellen Spots bestrahltes und wie ein Stück steriles Krankenhaus wirkendes CD-Gestell ersetzte, durchfuhr auch mich ein kulturpessimistischer Schauder, und mir schwante, dass ein Neubeginn bevorstand.

Ich kehrte – im Oktober 1986 – dem Roxy den Rücken

und zog nach Paris. Wenige Tage später klingelte das Telefon. Noch heute erfasst mich Ehrfurcht vor den magischen Mächten, die die Umlaufbahn des Pop-Besessenen lenken, wenn ich an diese Nachricht denke. Konnte das ein Zufall sein? War das nicht vielmehr Schicksal? »Das Roxy«, die Stimme meiner Mutter zitterte, »das Roxy ist ausgebrannt.«

Ich war erschüttert, im Mittelpunkt meines kleinen Universums gähnte plötzlich ein schwarzes Loch, ich weinte, ich trauerte um eine wichtige Phase in den Irrungen und Wirrungen meiner Jugend – – – und beklagte die Einäscherung meines Lohnkontozettels (ich hatte gut 30 Stunden nicht abgebucht, um den Plattennachschub in Paris zu gewährleisten ...).

Die Lehrjahre im Paralleluniversum waren vorbei, erkannte ich – nun musste ich mich, allein auf Wanderschaft durch die große weite Welt, dem richtigen Leben stellen. Ich fragte mich, wie ich in Zukunft möglichst direkt an die lebensnotwendigen Informationen gelangen und wie ich mir auch weiterhin möglichst viele Platten für möglichst wenig Geld besorgen könnte. Ich wurde Musikjournalist.

08

Eiszwöidrüviergömermau!

Als fiele ich frei, von der Bühne in einen bodenlosen Abgrund – so fühlte ich mich, und es war nicht unangenehm. Ich klammerte mich am Mikrofonständer fest, holte tief Luft und schrie: »Eiszwöidrüviergömermau!«

Im Leben des Pop-Besessenen kommt unweigerlich der Moment, in dem er, Kopf und Herz randvoll mit Klängen, sich berufen wähnt, die Welt mit seiner eigenen Musik zu bereichern. Geübt hat er lange genug – mit und ohne Federballschläger vor dem Spiegel –, und außerdem hatte der Punk uns eingetrichtert, dass jeder ein Musiker ist, wenn er nur ein Instrument in der Hand halten kann. Deshalb brauchte ich meine Klavierstunden am Konservatorium und meinen Auftritt als elfjähriger Knirps, an dem ich (zu meiner damaligen Scham und meinem nachträglichen Stolz) eine eigene Komposition, die »Aeolische Melodie«, interpretieren musste, nicht an die große Glocke zu hängen – im Gegenteil, das hätte meiner Credibility abträglich sein können.

Pfifu war mir einen großen Schritt voraus, denn er spielte bereits in einer Band (einer – sei mir nicht böse, Pfifu – drittklassigen Hardrock-Kapelle aus Kehrsatz). Eines Tages lockte er mich in das Stöckli, dessen geraniengeschmückte

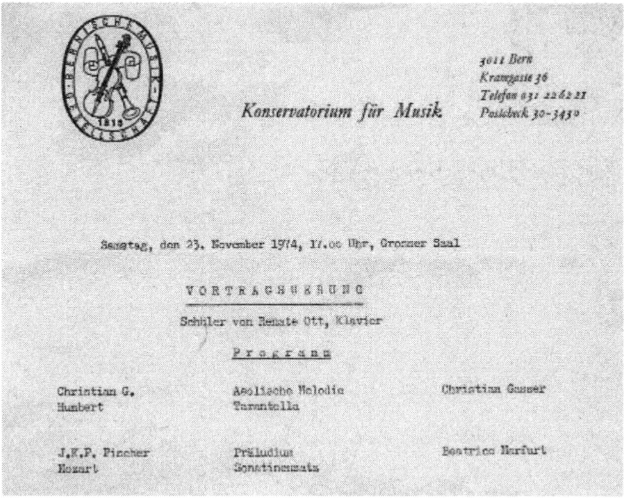

Konservatorium für Musik

3011 Bern
Kramgasse 36
Telefon 031 22 62 21
Postcheck 30-3430

Samstag, den 23. November 1974, 17.00 Uhr, Grosser Saal

V O R T R A G S Ü B U N G

Schüler von Renate Ott, Klavier

P r o g r a m m

Christian G. Humbert	Aeolische Melodie Tarantella	Christian Gasser
J.K.F. Fischer Mozart	Präludium Sonatinensatz	Beatrice Harfurt

Erster Liveauftritt mit Eigenkomposition, Bern, 1974

Fassade ihren Übungsraum barg. Er schaltete die Anlage an, ihr Brummen belebte das mit Eierkartons und Postern von schwitzenden Langhaarigen mit V-Gitarren ausgekleidete Zimmer und vibrierte in meiner Seele – aufgeregt klemmte ich mich hinters Schlagzeug, Pfifu ergriff seine Gitarre, und wir legten los, wir waren laut und schnell und brüllten inbrünstig »Kehrsatz burning!«, bis wir heiser waren, und das tat höllisch gut, und ich wusste, ich will ein Rockstar sein.

Das wollten auch Dan, Wäbi, (anfänglich) Wängi und (später) Svenggu. Ein Name war bald gefunden: Eintagsfliege (Ausdruck des durchaus nicht so gemeinten ironischen Understatements der alternativen frühen Achtzigerjahre), und Pfifu besorgte uns einen Übungsraum in der Luftschutzanlage einer Kehrsatzer Schule. (Über die Atomkriegsparanoia unserer Eltern kann man denken, was man will – zugute halten muss man dem eidgenössischen Sicherheitswahnsinn, der jedem Bürger eine Pritsche in einem angeblich atomsicheren Schutzbunker garantierte, dass er die Schweizer Rock-Kultur nachhaltig gefördert hat.) In diesem mit versifften Teppichen bedeckten Betonkeller arbeiteten wir an unserer Karriere: Die kreischenden Fans vor Augen drehten wir die Verstärker voll auf und dann, ja dann … dann spielten wir eben. Drauflos.

Ob wir in Thun auftreten wollen? – Keine Frage. – An einem Podiumsgespräch der FDP[5] *zum Thema »zufriedene Jugend«?*[6] *– Wie bitte? – Wir überlegten uns, wie wir das Konzert möglichst wirkungsvoll gestalten könnten. Wir entschieden uns, die Bühne freundlich und in Anzügen zu entern, um die FDP-Spießer zuerst für uns einzunehmen, und sie dann mit unserer Musik umso mehr zu schocken.*

Ich war der Sänger. Nicht etwa, weil ich besonders stimmgewaltig war, sondern weil ich mich als Dichter betrachtete und außerdem keine Lust hatte, viel Geld in eine Gitarre (da muss man so viel üben), ein Keyboard (da steht man so doof rum) oder ein Schlagzeug (da sitzt man so weit hinten) zu investieren. Mikrofone liegen in jedem Übungsraum herum, und das Singen war, nachdem ich die allzu betuliche Gesellschaftskritik (»Großstadtmensch, wer bist du?«) durch Improvisationen ersetzt hatte, auch kein Problem, und so taumelte ich von Agit-Prop (»Alle Macht der Securitas!«[7]) zu Nonsense (»La vie en ultraviolet«) und stürzte,

5 Die FDP ist die wirtschaftsfreundliche, bürgerliche Großpartei in der Schweiz.

6 Die so genannte Jugendbewegung der frühen Achtzigerjahre wurde von selbst ernannten »unzufriedenen Jugendlichen« ausgelöst.

7 Schweizerische Wach- und Schließgesellschaft.

getrieben von Popzitaten (»Louie Louie« natürlich) meistens in surreales Niemandsland ab.

Wir begannen 1980. Der Punk hatte viel zerstört und durch nichts ersetzt, und wir fühlten uns verpflichtet, irgendwie etwas Neues zu machen. Melodien sind altmodisch, die Stimme ist ein Instrument, mit der Form verändert man das Bewusstsein etc. etc. – Diese und ähnliche Schlagworte prägten das damalige (Anti-)Pop-Verständnis. Alles war erlaubt, Hauptsache es klang »extrem«. Deshalb hatte mich die erste Single der Einstürzenden Neubauten so begeistert. »Sowas«, schwärmte ich den anderen vor, »sowas können sogar wir spielen.«

Wir hatten keine Songs, wir hatten Riffs, und rund um diese Riffs improvisierten wir. Keiner war der Kopf, keiner kritisierte, lobte oder korrigierte die anderen, keiner übernahm Verantwortung – schließlich hielten wir uns für Anarchisten und unsere Band für ein basisdemokratisches Kollektiv. Unsere Stücke wurden immer länger und gleichförmiger und fransten, da wir meistens ohne Schlagzeuger spielten und unsere »kühnen« Experimente mit zwei Metronomen, Kurzwellenradios, Kochtöpfen u. Ä. bald einstellten, ohne klaren Rhythmus und Struktur ziellos aus. Vermutlich schwebte jedem von uns etwas anderes vor (mir als Sänger zum Beispiel ein Mix aus Pere Ubu, Iggy Pop, Captain Beefheart, den Cramps und Alan Vega, während Pfifu vom Punk über Public Image Limited auf Joy Division zusteuerte, Wäbi eher auf bodenständige Riffs und The Clash stand und Dan seiner Verehrung für die Beatles und Devo Gehör zu verschaffen versuchte …). Ohne dass wir aber unsere Vorstellungen und Wünsche je wirklich besprochen hätten, einigten uns unsere rudimentären handwerklichen Fertigkeiten immer auf denselben gemeinsamen Nenner: Krachiger Punkrock mit Querflötentupfern,

Die Eintagsfliege live in Thun: Christian Gasser, Sven Anderson, Pfifu Beeli, Dan Schär, Thomas Weber (v.l.n.r.) Foto: Michael Fritschi

in den sich eine gewisse avantgardistische Schrägheit eher zufällig und unfreiwillig einschlich.

Das Konzert fiel in die Woche zwischen der schriftlichen und der mündlichen Matur[8] *im Herbst 1982. Viel Üben lag nicht drin, und die beiden Lieder, die die anderen eigens für den Abend bei der FDP noch »komponiert« hatten – den Hardcore-Stampfer »Mir si zfride!« und eine Coverversion der »Kreuzberger Nächte« als schunkelpunkige »Zufriedene Nächte« – musste ich in den Stunden vor dem Auftritt einüben.*

Am meisten Aufmerksamkeit schenkten wir den Song-Titeln. Unser (ich kann leider nicht sagen: berühmtestes oder legendärstes, sondern nur) liebstes Lied war: »Das Lied von der Alp, auf die wir nicht wollen, weil es dort kein Bier gibt

8 Abitur

oder: Weg mit dem Papst!« Ursprünglich hatte das Lied schlicht »Weg mit dem Papst!« geheißen, und der vollständige Text lautete: »Weg mit dem Papst! Wir wollen keinen Papst! Weg mit dem Papst! Wir brauchen keinen Papst!«. Weil der heilige Vater aber nur wenige Tage, nachdem wir erstmals zum Thema etwas geschrummelt hatten, angeschossen wurde, änderten wir aus Pietätsgründen den Text. Weitere, auf Maggie Thatcher und Kurt Furgler[9] gemünzte Remixe blieben folgenlos, während auch Ronald Reagan fast hätte dran glauben müssen.

Mehr als an der Musik arbeiteten wir, als Musterschüler des Sex-Pistols-Managers Malcolm McLaren, an der Umsetzung seiner Lektionen zum Berühmtwerden. »Lesson 2: Establish the name.« Wir streuten Gerüchte über eine geheimnisvolle Band namens Eintagsfliege aus, wir erfanden kryptische Slogans wie »Jedem das Seine – Jedem Eintagsfliege« und »Demnächst: Eintagsfliege« und malten Plakate. Um sie in der Schule aufzuhängen, mussten wir erst die Erlaubnis des Rektors einholen, da in jenen Jahren der Jugendbewegung, die ihre tränen- und scherbenreichen Partys an unbewilligten Demos feierte, überall umstürzlerische Machenschaften vermutet wurden. Als mich dann ein Freund auf diese mysteriöse Eintagsfliege ansprach und mich fragte, ob ich schon von ihr gehört habe, diese Band käme bestimmt demnächst groß raus, durchfuhr mich ein berauschendes Schwindelgefühl. So fühlt es sich an, spürte ich, wenn man kurz vor dem Durchbruch steht …

Das ist Rock'n'Roll, Baby. Instrumente und Musiker in zwei klapprige Autos gepfercht und mit Karacho nach Thun. Bier

9 Schweizer Bundesrat, Vorsteher des eidgenössischen Justiz- und Polizeidepartements, Anhänger der Idee einer geheimen Bundespolizei

getrunken, um das Lampenfieber runterzuspülen. Den Mehrzwecksaal im unübertrefflichen Seventies-Design (orange Wände, braune Vorhänge, viel Plastik) mit professioneller Miene begutachtet; die Anlage aufgestellt; so getan, als würden wir soundchecken. Dann gewartet.

Die Eintagsfliege war keine Band, sondern unser Traum von einer Band. Obschon jeder von uns während der Proben in seinem inneren Ohr etwas anderes hörte, wollten wir letztlich doch alle dasselbe: Wir wollten in einem schummrigen Übungsraum sitzen, wir wollten uns im ekstatischen Dröhnen verzerrter Gitarren suhlen, wir wollten lauwarmes Bier trinken, haschen und den großen Bubentraum von Sex, Drogen und Rock'n'Roll träumen. Wir redeten von Bühnenshows und Plattenaufnahmen, wir stritten über die Covergestaltung unserer ersten Single (ohne je einen Schritt in Richtung Aufnahmestudio zu machen), wir bereiteten unsere Antworten für das große (und dann zweifellos legendäre) Sounds!-Interview vor, und wir vereinbarten, mit unserem ersten Lotto-Sechser das Zürcher Hallenstadion zu mieten … – wir redeten und träumten, und wir schwelgten in Illusionen, aber keiner von uns erhob sich, keiner weckte die anderen, keiner machte sich daran, diesen großen Traum zu verwirklichen. Einen Manager zu suchen, war eh ausgeschlossen – schließlich waren wir selbstverwaltet und »independent«. Und ich glaube nicht, dass einer von uns je ein Mädchen abgekriegt hat, weil er bei der Eintagsfliege spielte. So kausal, wie Jungs sich das manchmal vorstellen, ist das mit dem Rock'n'Roll und dem Sex halt doch nicht. (Auch Lotto spielte keiner von uns.)

Der Fluch des Pop-Fans ist, dass niemand ungeeigneter als er ist, ein Musiker zu werden. Er ist zu offen für Einflüsse und läuft Gefahr, sich zwischen allen seinen Vorlie-

Klassenfest im Partykeller, ca. 1978, Christian-Gasser-Archiv

ben zu verzetteln. Statt mich auf Eintagsfliege zu konzentrieren, hirnte ich ständig an Dutzenden anderer Bandprojekte herum, die mangels Ehrgeiz, Mut oder Mitmusiker nie verwirklicht wurden. (Niemand wollte mit mir Seventies-Heuler psychedelisch verfremden, nie fand ich eine Schlagzeugerin, die das Pseudonym Betty Bossy[10] akzeptiert hätte etc.)

Wir waren so nervös, dass wir alle Songs viel zu schnell spielten und ich sie – »eiszwöidrüvierschluss!« – viel zu früh abbrach. Ich mimte das coole Bühnentier, doch als ich mir eine Zigarette anstecken wollte, zitterte meine Hand so fest, dass das Zündholz brach. Die FDP-Greise hielten sich, so schien mir, wenn ich mal von meinen Schuhspitzen auf und ins Publikum zu schauen wagte, mit verstörten Mienen an den Tischen fest.

10 Die imaginäre Chefköchin in allen Schweizer Küchen. Betty Bossy gibt's nicht, ihre Kochbücher sind aber Bestseller. (So etwas wie Dr. Sommer für die Küche.)

»Mercidankschön, mercidankschön« murmelte ich nach jedem Stück, wie ich es von der Dancing-Kombo meines Cousins gelernt hatte, »mercidankschön«, und erzwang so ein bisschen Applaus.

Nach diesem Konzert entpuppte sich unser Name als Omen. Ohne dass wir es abgesprochen hätten, erschien plötzlich niemand mehr bei den Proben. Mit diesem je nach Standpunkt politisch unkorrekten oder politisch wertvollen Auftritt war die Eintagsfliege weiter geflogen, als sie es eigentlich verdient hätte. Ihrer Asche entstiegen zwei Bands mit tollen Namen: Faster Than Jesus, die mit Coverversionen alter Punk-Evergreens unzählige Partys in Bern und Umgebung angeheizt haben, und Stoned Albert & The Relatives, die sich der hohen Kunst des Sixties-Songwritings widmeten.

Ich stieg mit Sandro und Dodo in einen feuchten und schimmlig müffelnden Keller an der Brunngasse hinab, wo wir uns kraft wuchtigen Schlagzeugs, in alle Richtungen zischenden und krachenden Gitarren und monoton-repetitiven Casio-Geheuls auf interstellare Trips katapultierten. Space-Rock nannten wir den Sound von Brunn-

Cristian Castro – mein Pseudonym für meine Karriere als Bolero-Schmachter in Mexiko, Postkarte

gasse 49, und inspiriert von allerhand legalen und illegalen Schubmitteln übten und improvisierten wir, bis wir nach ein paar Stunden jeweils wieder in unserem Loch bruchlandeten und mit diesem üblen Kellergeruch in Kleidern und Haaren an die frische Luft wankten, mit diesem Rock-'n'Roll-Geruch, der tagelang nicht verduften will und so unverschämt nach Erfolglosigkeit stinkt. Im Herbst 1985 war ich Gastsänger der orthodox kommunistischen und psychedelischen Postpunk-Gruppe A Jovem Guarda aus Lissabon und trat im Rahmen einer vom staatlichen Fernsehen organisierten Tournee in Vila Real und Lissabon auf.

Reich und berühmt ist niemand geworden, und deshalb gibt es auch keinen Grund, sich an die Eintagsfliege zu erinnern. (Künftige Berner-Rock-Historiker mag allerdings die Verbindung zu Züri West interessieren: Stoned Albert & The Relatives teilten den Übungsraum mit Central Services, deren Gerd Stäuble später zu Züri West stieß.)

Obschon ich weiß, dass es einer der wenigen weisen Entscheidungen in meinem Leben war, aus dem Traum von Sex, Drogen und Rock'n'Roll zu erwachen, da ich als Pop-Besessener gesellschaftlich wesentlich weniger schädlich bin denn als Popmusiker, krame ich alle paar Jahre, wenn ich ganz sicher bin, keine Zeugen zu haben, die Aufnahmen jenes Konzertes hervor. Und lausche ganz gerührt. »Eiszwöidrüviergömermau!« Und träume ein bisschen. Was wäre wohl, wenn wir damals … – denn bei aller Vernunft – ganz ausgeträumt hat der Pop-Besessene diesen Traum nie.

»Eiszwöidrüvierschluss!« – Nach fünfzehn Minuten und circa zehn Liedern war der Spuk vorbei. Viel zu früh, denn ich hatte eben erst begonnen, mich auf der Bühne wohlzufühlen und wäre am liebsten geblieben. Mein Leben lang. Hinter der Bühne glaubte ich, Michi zu sehen, der uns als »Roadie« be-

gleitet hatte. Ich klatschte ihm die Hand auf den Rücken. »War super, was?« – Wer sich umdreht, ist der FDP-Provinz-Potentat. Er lächelte bitter, kam sich zu Recht verarscht vor – und zog sich mit einer öligen Ansprache an seine Parteigenossen aus der Verantwortung für diese Kulturrevolution. Dann steckte er uns 100 Franken zu. Für die Spesen.

09

Suzy, Nick und Iggy

Wer wäre ich, wenn ich mehr als nur die erste Dire-Straits-LP gekauft hätte? Wenn ich auf den Cover-Bubi vom U2-Debütalbum hereingefallen wäre? Was für ein Mensch wäre ich heute, hätte ich nicht rechtzeitig mit David Byrne gebrochen und wäre ich nicht von Anfang an für John Cale und gegen Lou Reed gewesen? Würde ich mich überhaupt näher kennen wollen, geschweige denn mit mir leben?

Fiese Fragen wie diese überfallen mich mit Vorliebe in den Sekunden vor dem Einschlafen, dann also, wenn ich besonders wehrlos bin. Schweißdurchnässt schrecke ich auf, wanke zu meinen Platten, angsterfüllt – – – und atme – uff! – auf, nachdem ich mich vergewissert habe, dass ich die Spuren meiner kurzen Schwäche für Dire Straits getilgt habe, dass von U2 nicht mehr als »The Joshua Tree« im Regal steht (und das auch nur wegen Brian Enos Produktion), und dass ich von Lou Reed nicht mehr als die zwei notwendigen Platten mein eigen nenne (und dafür alles von John Cale horte, inklusive seiner Soundtracks für französische Beziehungsproblemeausdiskutierfilme).

Beruhigt, dass ich doch der bin, für den ich mich halte, schwebe ich zurück ins Bett, und dämmere mit einem entspannten Lächeln auf den Lippen weg.

Das letzte Beispiel muss ich vielleicht ein bisschen ausführen, denn es ist auch ein gutes Beispiel für die Popmusik als Schule des Charakters. Ziemlich früh muss der Pop-Fan nämlich auch lernen, in seinem Leben Stellung zu beziehen und diese Stellung auch zu halten.

In den Sechzigerjahren musste sich ein Pop-Fan zwischen den Beatles und den Rolling Stones entscheiden – beide Bands gleichermaßen zu lieben war streng verboten. In den Siebzigerjahren wurden wir von der einschlägigen Fachpresse aufgefordert, uns entweder zu Sweet oder zu den Bay City Rollers zu bekennen. Da verlief die Trennlinie ziemlich klar: Die Jungs standen auf Sweet, die Mädchen mehrheitlich auf die Rollers – wobei die coolen Mädchen auch auf Sweet standen. In den frühen Neunzigerjahren musste man klar gegen Pearl Jam und für Nirvana sein – alles andere war ein klarer Ausdruck von charakterlicher Schwäche, Meinungslosigkeit und fehlendem Rückgrat. Fragt mich nicht warum, es ist einfach so, und mit mir könnt ihr ohnehin nicht vernünftig darüber streiten.

Im Fall von John Cale und Lou Reed verhält es sich so: Sie gründeten in den Sechzigerjahren die bahnbrechenden Velvet Underground, aber sie waren sich nie in echter Sympathie zugetan, und nach dem zweiten Album schmiss Lou Reed John Cale aus der Band. Einfach so. Das geht natürlich nicht, das ist gemein, und unter anderem deswegen bin ich gegen Lou Reed und für John Cale, das ist für mich eine Frage von Prinzip und Charakter.

Im Leben des jungen Menschen ist die Wahl eines Idols ein Schritt von nicht zu unterschätzender Tragweite, ist es doch nach den Eltern und Lehrern seine nächste mehr oder weniger erwachsene Bezugsperson. Statt aber das Für und Wider potenzieller Vorbilder vorsichtig zu erwägen, gibt er

Devo,
»Are We Not Men?«,
LP-Cover,
Virgin Records

sich – verführt durch einen in der Regel missverstandenen Refrain, ein Starschnitt-Fragment oder, perfider noch, sozialen Druck – meistens kopflos einem Popstar hin und bedenkt nicht, wie intim eine solche Beziehung sein kann.

So betrachtet war Suzy Quatro nicht nur sozusagen mein erstes »Pin-up«, sondern umgekehrt auch das (nach meiner kleinen Schwester) erste Mädchen, das mich nackt sah. Und das Abend für Abend! – Noch ärger traf es Mark Mothersbaugh von Devo, der ab 1978 meinem Treiben in den zu Recht so genannten blöden Jahren ausgesetzt war und weit mehr über mich erfuhr als meine Eltern. War es ihm etwa peinlich, mir 1990 zu begegnen? Überließ er deshalb das Interview Gerry van Casale? Weil er in mir den Jüngling erkannte, mit dem er jahrelang, während er ihm von der Posterwand aus »Are We Not Men?« entgegengeschleuderte, leben musste? Hat nicht wiederum diese Frage die Selbstzweifel genährt, denen sich ein pubertierendes männliches Wesen mit masochistischer Gründlichkeit hingibt?

Im Herbst 1979 erwarb ich meine erste Iggy-Pop-Platte, »New Values«. Ich war erschüttert und begeistert und musste am nächsten Tag auch »Raw Power«, »The Idiot« und »Lust for Life« kaufen, die es im Roxy als Aktionen für je zehn Franken gab.

Natürlich hatte ich mir zuvor von meinem Vater Titel wie »I Can Help« und »I Can Do It« übersetzen lassen und ihn gefragt, was denn »Anarchy« sei; natürlich hatte ich mithilfe eines weitgehend slangfreien Wörterbuchs den gesellschaftskritischen Sarkasmus von Tonio K., den Unsinn von B-52's und die Devo-Philosophie zu ergründen versucht, doch das, was Iggy sang, das berührte mich viel tiefer.

Iggy Pop – Jimmy für seine Freunde – schrieb seine Texte, schien mir, eigens für mich. Dass jeder Jugendliche zwischen 15 und 20 eine »No Fun«- und eine »Search & Destroy«-Phase durchmacht, wusste ich, der wie jeder Jüngling zwischen 15 und 20 von seiner Einmaligkeit überzeugt war, natürlich nicht. Wie konnte Iggy so genau wissen, dass sich der von seiner großen Lebenserfahrung ernüchterte 16-jährige Schuljunge »tragic like I was Marlon Brando« fühlte (»China Girl«) und Ausschau hielt nach »new values – ah, but nothing comes way«? Auch »The Passenger« (»and I ride and I ride through the cities backsides«) hatte Jimmy mir, dem ungebundenen Abenteurer, auf den Leib geschrieben, und das hymnische »I Need More« vertonte im März 1980 die Euphorie der ersten Liebe. Dass meine erste Liebe gestand, komischerweise möge sie Iggy Pop nur, wenn sie seine Platten in meiner Gegenwart höre, fasste ich als Kompliment auf: Ich war Iggys Medium. Sorgen bereitete mir nur »I'm a Conservative« – war Iggy ironisch? Oder doch ernst? Darüber konnte ich, in Anwesenheit der sehr geduldigen Regula, in stundenlangen Monologen debattieren, und obschon ich zweites befürchtete, war der Revoluzzer in mir erleichtert, dass Iggy den Song auf der Bühne eher spöttisch inszenierte.

An diesem Konzert im Mai 1980 bestätigte Iggy unsere Freundschaft: Er hatte eben seinen Mikrofonständer zertrümmert und grinste, mit dem Mik-Halter spielend, ins Publikum. Abertausende Arme streckten sich ihm entgegen, und Iggy, das selbstverliebte Kerlchen, kostete die Hysterie voll aus. Plötzlich – alle lachen mich aus, wenn ich dies erzähle, dabei ist es, großes Pop-Besessenen-Ehrenwort, die lauterste Wahrheit – plötzlich kreuzen sich unsere Blicke, Jimmy fixiert mich, er spürt, dass ich nicht nur ein Fan unter vielen bin, sondern der einzige hier, der ihn wirklich versteht, er zwinkert komplizenhaft und wirft mir diese Reliquie zu. Mir. Niemand anderem. Dabei kreischten hunderttausend schöne Mädchen mit mir um die Wette.

Dass ich Iggy zu meinem Idol kürte, erwies sich als ein ausgesprochener Glücksfall. Zum einen hat er mich in meiner Jugend nachhaltiger geprägt als alle meine Lehrer, zum anderen konnte ich mit ihm älter, vielleicht sogar erwachsen werden. Auch wenn er mich auf Platten wie »Party« und »BlahBlahBlah« ent-

Iggy Pop live im Volkshaus Zürich, 1980, Konzertplakat, Good News

täuschte, hat er mich nie verraten, denn er hat sich nie verkauft, wurde nie banal, und immer blieb er die intensivste Verkörperung des Rock'n'Roll. Während Altersgenossen wie Lou Reed und David Bowie plötzlich als Intellektuelle, Poeten, Künstler und was-weiß-ich ernst genommen werden wollen und, um dieses Ziel zu erreichen, die würdelosesten Verrenkungen vollbringen, bleibt Jimmy er selber und nur sich selber treu, er ist von vorbildlicher Ehrlichkeit und gebärdet sich lieber wie ein halbnackter Clown, als im hoch- und pseudokulturellen Jetset den Lackaffen zu mimen. Hier würden sich eigentlich die Fragen zum Mysterium des menschlichen Seins aufdrängen – wurde ich dank Iggy der, der ich bin? Oder liebe ich Iggy, weil ich bin, der ich bin? Kurz: Wer bin ich? Woher komme ich? Wohin gehe ich? – Doch selbst der Betroffene kennt die letzten Antworten nicht, und letztlich interessieren sie ihn nicht mehr als einen Hühnerzüchter die Dispute über das Huhn und das Ei.

Iggy Pop war so sehr Teil meines Lebens, dass mein Bedürfnis, mich mit ihm in der Öffentlichkeit zu zeigen, immer stärker wurde. Nachdem ich Schulhefte, Bücher und Pulte mit seinem Namen und mit Songtiteln und Texten vollgekritzelt hatte, und weil ich meine liebsten Iggy-Badges, aus Angst sie zu verlieren, nur bei besonderen Gelegenheiten ansteckte (und deshalb noch immer eine Schachtel voll historisch bedeutsamer Badges bei mir aufbewahre), musste ein verbindlicheres Bekenntnis für den Alltag her: Mit einem wasserfesten Filzstift tätowierte ich meine Hose. Ich gehörte nie zu denen, die ihre Jeans sorgfältig auf Ramones-Kniehöhe aufrissen (meine Mutter hätte sie glatt »geflickt«), sondern musste warten, bis sie sich von selber auflösten, und das dauerte nicht nur ewig, sondern sah auch weniger lässig aus. Den Punk-Faktor einer solchen Hose erhöhte ich, indem ich »Iggy« auf das rechte und »Pop« auf das linke Bein malte. Leider hatte ich diese brillante Eingebung vor ihrer Umsetzung nicht durchdacht: Ich zog die Hose vorher nicht aus (während der Schulstunde war das ja auch nicht gut möglich), ich schrieb also über Kopf und spiegelverkehrt und saß so schräg auf dem Stuhl, dass »Pop« etwa fünfzehn Zentimeter höher zu stehen kam als »Iggy«.

Im Herbst 1982 kaufte ich die Lydia-Lunch-Maxi »The Agony Is The Ecstacy« und entdeckte, dass auf der B-Seite eine Band namens The Birthday Party live und »Drunk On The Pope's Blood« aufspielte. So was Wütendes und Intensives hatte ich nie zuvor gehört, ich war verstört und selig zugleich, und das war der Beginn meiner innigen Freundschaft mit Nick Cave.

Während Iggy Pop einer anderen Generation angehörte und für mich ein Vorbild war, wie's auch ein cooler Onkel hätte sein können, war Nick Cave ein älterer Cousin, mit dem ich mich insgeheim ein bisschen identifizierte. Iggy war ein Erwachsener, von dessen Erfahrungen ich zehrte – Nick hingegen, dünkte mich, machte zeitgleich ähnliche Erfahrungen wie ich und setzte sie, und damit mein Lebensgefühl, unmittelbar in Musik um.

Nick komponierte – und da entlarvt sich der Pop-Fan einmal mehr als egozentrischer Narziss – den Soundtrack zu meinem Leben, und seine musikalische Entwicklung spiegelt mein Leben wieder, exklusiv und symbiotisch. Mit Birthday Party zog er auf einen Kreuzzug wider den Rock-'n'Roll aus – doch statt ihn zu zerstören, erfanden sie ihn neu. *Genau das schwebte mir ja auch für meine eigene Band Eintagsfliege vor (und wir traten – noch bevor ich Nick kann-*

Nick Cave, »Loverman«, Selbstporträt, Druck, Mute Records

te – wie er in Anzügen auf). Nachdem die Birthday Party ausgefeiert war, schrieb Nick im Chaos der Verzweiflung Liebeslieder und stürzte, begleitet vom atonalen Blues der Bad Seeds, in schwarze Löcher ab. *Schlich nicht auch ich mich, dunkel gewandet und mich in düsteren Gedanken suhlend, am Rand des Abgrunds vorbei, an der Welt, dem Leben und der Liebe verzweifelnd?* Aus dem Chaos schälten sich im Lauf der Jahre spannungsvoll strukturierte, in verschütteten Traditionen verwurzelte Songs. *Auch ich lernte, mein Leben zu gestalten, und auf einer ersten längeren Reise durch Brasilien (1984/85) begann ich, es weniger ängstlich und entspannter zu genießen.* Den entscheidenden Schritt machte auch Nick in Brasilien – auf dem 1989 in São Paulo eingespielten Album »The Good Son« mutierte er vom besessenen Wanderprediger zum Entertainer im Theater der grausamen Gefühlswirren, der auch im Pathos der großen Geste über sich zu lächeln gelernt hatte. So wurde er erwachsen – *ich auch! ich auch!* – und entwickelt sich seither ruhig weiter – *ich auch!* –, ohne die gewisse Unberechenbarkeit geopfert zu haben – *ich auch!*

Es ist, finden Sie nicht auch, doch interessant, wie im Fan die Bewunderung für das Idol und die Überschätzung seiner selbst sich nicht ausschließen und überdies mit Wunschdenken paaren.

Nick Cave ist treuer als die meisten meiner Jugendfreunde. Einmal im Jahr schickt er mir einen rund 50 Minuten langen Brief, in welchem er das Wichtigste aus seinem Leben erzählt, und das wiederum erlaubt es mir, Rechenschaft über den Stand meiner Dinge abzulegen. Das bedeutet aber nicht, dass ich leben muss wie Nick, und auch Alltagsklatsch interessiert mich kaum, denn wir teilen nicht das richtige, sondern das wahre Leben. Es ist also irrelevant, ob er, wie kolportiert wurde, im Sommer 96 vor seinem Auftritt am Berner Gurtenfestival im Marzilibad mit Polly Harvey geschmust hat oder nicht. Manchmal hat er mir allerdings mehr zu sagen, manchmal weniger, und seit einigen Jahren, fürchte ich, gleicht unsere Beziehung der eines alten Ehepaars: Wir hängen aneinander, aber mehr aus Gewohnheit denn aus Leidenschaft. So erstaunlich ist

Snakefinger, live in der Roten Fabrik, Zürich, 10. Dezember 1983

das nicht, schließlich dauert unsere Beziehung schon länger als eine durchschnittliche Ehe und länger als alle meine anderen Freund- und Liebschaften.

Nicht alle Beziehungen müssen von existenzieller Tiefe sein und halten, bis der Tod euch scheidet (die am innigsten betrauerten Toten: Elvis Presley, Snakefinger, Jeffrey Lee Pierce, Serge Gainsbourg, Marvin Gaye, der Négresses-Vertes-Sänger Helno, Kurt Cobain) – gerade in der im schönsten Sinne kurzlebigen und oberflächlichen Popwelt ist es ebenso gut möglich, sein Glück in heftigen One-Night-Stands und überschwenglichen, aber rasch verklingenden Schwärmereien zu finden; man kann sachliche Interessengruppen gründen, Großfamilien zeugen oder lockere Lebensabschnittpartnerschaften pflegen, und der echte Pop-Besessene ist ohnehin polygam. Deswegen sind die Trennungen wegen musikalischer (und anderer) Differenzen meistens unproblematisch – für Ersatz ist rasch gesorgt.

Schmerzhaft sind die Scheidungen nur im Fall von Freunden, die dem Fan persönlich viel bedeutet haben. Henry Rollins zum Beispiel: Nachdem dieser seine Mission – die ironische Beliebigkeit der späten Achtzigerjahre mit absolutistischem Rock'n'Roll in Stücke hauen – erfüllt hatte, wurde er zum erfolgreichen Hardrock-Mucker und … – Hank, ich respektiere dich immer noch, aber, sorry, es ist mir, ich verstehe selber nicht ganz warum, völlig gleichgültig, was du heute so treibst. Immer noch brav am Hanteln stemmen? – Vielleicht treffen wir uns mal im Fitnessstudio.

Deshalb ist die kluge Wahl von Jugendidolen so entscheidend. Umgibt sich ein junger Mensch mit Leuten, die ihn sitzen lassen oder verraten, kann das unabsehbare Folgen zeitigen. Jede Enttäuschung reißt tiefe Wunden, jede Tren-

David Thomas, Paris, 1988
Christian-Gasser-Archiv

nung ist hart, und um sich diese Leiden zu ersparen, ist vor allem der unreife Mensch versucht, sich anzupassen. Doch das – liebe Jungs und Mädels – ist noch gefährlicher! Stellt Euch nur mal vor, was geschehen wäre, wenn ich David Byrne nicht rechtzeitig, das heißt 1988, als die Talking Heads in den letzten Zügen lagen, den Laufpass gegeben hätte!? Wäre auch ich heute ein prätentiöser Kunst-Yuppie? Einer von denen, die ich verabscheue?

Seit achtzehn Jahren lebe ich mit Nick zusammen, und schon drei Jahre früher, 1979 – vor 21 Jahren! – zogen Iggy und der Pere-Ubu-Sänger David Thomas, der in meiner Pop-Familie den faszinierenden Sonderling verkörpert, in meine Wohngemeinschaft ein.

Das sind die Zahlen, die der Pop-Besessene versteht. Die ergrauenden Schläfen und der immer härtere Kampf um die ideale Linie reichen nicht aus, ihm sichtbar zu machen, dass die Jahre nicht spurlos an ihm vorbeigebraust sind. Selbst meinen 30. Geburtstag steckte ich mühelos weg. Erst als ich 1996 die Pere-Ubu-Anthologie »Datapanic In

The Year Zero« erstand, wurde mir bewusst, dass ich seit jenem regnerischen Frühlingsnachmittag, an dem ich ihr zweites Album »Dub Housing« entdeckte, 17 Jahre älter geworden war. 17 Jahre! Mehr als mein halbes Leben! Unfassbar!

Mein jugendliches Lebensgefühl wird immer wieder durch derartige Schocks erschüttert. Bereits in den frühen Achtzigerjahren fühlte ich mich wie ein Greis, als ich zwei nicht wesentlich jüngere Buben belauschte und merkte, dass sie nicht – wie Leute meiner Generation – über Musik fachsimpelten, sondern über … Videos. Den Lauf der Zeit misst der Pop-Besessene auch an der Häufigkeit des Eindrucks, dass er das, was als brandneuer Trend angepriesen wird, schon mal gehört hat – »und war es damals«, fragt er dann ebenso rhetorisch wie irrig, »nicht irgendwie viel besser?«

Nein, entgegen der vor allem unter Musikern weit verbreiteten Wahnvorstellung gewährt die Popmusik nur bedingt ewige Jugend. Alt werden ist aber kein Makel, solange man immer wieder neue Freunde und Freundinnen in den trauten Kreis aufnimmt. So habe ich in den Neunzigerjahren neben anderen Renovationsarbeiten den Bastelkeller für Mouse On Mars und Aphex Twin aufgerüstet, Stereo Total und Juan-Garcia Esquivel eine Ecke im Spielzimmer zugewiesen, die Garage für die Jon Spencer Blues Explosion leer geräumt, im Wohnzimmer eine Kuschellounge für die High Llamas eingerichtet, für Calexico ein paar Hängematten auf die Veranda gespannt, und wenn abends ein alter Señor aus Kuba auf eine Romeo y Julieta vorbeikommt, steht ein Schaukelstuhl bereit.

Noch wichtiger ist es aber, in Würde zu altern. Doch dies ist leichter gesagt als getan, und es gibt immer wieder Phasen, wo ich an meiner Reife zweifle. Es sind die Tage, die ich vor einem Lautsprecher verbringe und die Stimme, die mir verzweifelt »Du bist Mitte 30! verdammt noch mal, benimm dich endlich wie ein zivilisierter Mittdreißiger!« zuschreit, verdränge. Beziehungsweise zudröhnen lasse. Von den majestätischen Gitarrenbreitseiten einer Schweinerockband wie Monster Magnet, zu deren schweren Riffs ich den Kopf – als trüge ich langes Haar – ruckhaft vor- und rückwärts schüttle und die Luftgitarre auf Kniehöhe schwinge. Oder von den massiven Beats einer Formation wie Daft Punk, die mich, die rechte Faust in der Luft, die linke Hand an der Hüfte, zu spastischen Hüpfern zwingen.

Diese Regressionen in primitiv-pubertäres Gebaren sind, muss ich gestehen, häufiger, als mir lieb ist. Das Schlimmste dran ist aber, und nichts verdeutlicht den Teufelskreis, in dem der Pop-Besessene gefangen ist, besser – ohne diese Rückfälle könnte ich nicht glücklich sein.

Mouse On Mars, »Niun Niggung«, CD-Cover, Sonig Records

10

Dies ist keine Liebesgeschichte!

Schlecht.« Ich starrte auf den Boden, den Mund zu einer abschätzigen Grimasse verzogen. Die wasserstoffblonde Haarsträhne baumelte über dem linken Auge. »Schlecht«, wiederholte ich mit Nachdruck. »Und dir?«

Just in den Jahren, in denen ich die Popmusiker am nötigsten gehabt hätte, in den schwierigen Jahren zwischen 16 und 22 nämlich, ließen sie mich im Stich. Der Punk hatte mit den althergebrachten Pop-Klischees und den alten Autoritäten (Lehrer, Eltern, Pop-Idole, Gott) aufgeräumt und sich dann selber aufgelöst, ohne eine Alternative anzubieten. Die Bands, die sich aus dem Geist des Punks heraus- und weiterentwickelten, verweigerten die erzieherische Verantwortung, und statt es dem Pop-Besessenen zu erlauben, sich via positiver und einfach nachzuvollziehender Lebensweisheiten der Liebe und den Mädchen anzunähern, begannen sie musikalisch und textlich zu experimentieren, um den Pop-Song endgültig zu sprengen und durch den Bruch mit den Hörgewohnheiten das Bewusstsein zu verändern (was für ein Programm!). Und das klang meistens so: »Love War Kill Hate Love War Kill Hate Love War Kill Hate« (»Chant«, PIL, 1980). Ich fand das natürlich toll! Kult! Inspirierend! Ich war stolz auf meine Radikalität und feierte den Tod des Rock'n'Roll – aber es ging mir deswegen nicht besser.

Im Gegenteil. Wie kann ein halbwüchsiger Pop-Fan einen Refrain wie »Night must fall now – darker, darker« (»The Great Curve«, Talking Heads, 1980) verinnerlichen, ohne ihn gleich als Metapher für seine Existenz zu verstehen?

Wie die Popmusik wurde auch mein Dasein dunkler, und ich trug mit Vorliebe Kleider, die so schwarz waren wie die Musik, die ich hörte, und in meiner Seele sah es ähnlich düster aus. Das Leben war eine ewig währende Sonnenfinsternis (siehe Bauhaus-Plattenhülle), der Himmel hing voller schwerer Wolken (höre Pere Ubus »New Picnic Time«), und es regnete ununterbrochen – am schönsten auf TheThes Debüt-Single »Perfect«: »It's a chilly english winter and solitude is never easy to maintain – except when it ...« – und da seufzte Matt Johnson so herzerweichend – »... haah ... rains«.

Dunkelheit, Regen und Kälte: Eine kollektive Depression hatte viele junge Menschen ergriffen. Die Lieblingsbeschäftigung war Trübsal blasen, wir saßen zu Hause oder bei Freunden rum, dampften und hörten Musik und dachten laut über den Sinn des Lebens und die anderen großen Fragen nach: »Du, was meinst du, Dan, soll ich mich heute umbringen, oder wollen wir Rock-Stars werden?« Oder sollte ich vielleicht lieber zuerst Pop-Star werden (allein schon, um es allen, die mich nicht verstanden und/oder abgewiesen hatten, zu zeigen) und mich dann, zum Beispiel vor einem Konzert in der Garderobe, aufhängen – wie der Joy-Division-Sänger Ian Curtis, der damit zum bleichen Idol des »Living In The Ice Age« wurde?

Nein, die Achtzigerjahre waren mehr als die bunte, von billigen Synthie-Fanfaren und ärgerlichen Plastikbeats

Zeichnung: Max Andersson

animierte Yuppie-Party, die die revisionistischen Nostalgie-Trendsetter heute zelebrieren. Der Punk hatte für eine klare Weltordnung gesorgt und die Jugend in zwei Ethnien – »Die Kleinen und die Bösen« (Deutsch-Amerikanische

Freundschaft, 1980) – getrennt, zwischen denen die Kommunikation spärlich und der Krieg kalt war. Die anderen hörten Duran Duran, liebten Steve Millers »Abracadabra« und Phil Collins' »In The Air Tonight« und kuschelten zu Dire Straits, Yes und Simple Minds. Grau-en-haft! Ein uns avantgardistischen Weltschmerzjüngern völlig fremdes Lebensgefühl, was Devo mit fröhlichem Sarkasmus kommentierten: »It's a beautiful world – for you – for you – for you – but it's not for me«. Die wahren Achtzigerjahre waren vielleicht weniger bunt als ihr Revival – dafür klangen sie besser (und die Geschichtsklitterer gehören endlich an die Klagemauer gestellt und mit PIL beschallt)!

»Weiß nicht.« Ich zuckte mit den Schultern und rückte meine dünne Strähne sorgfältig wieder vors Auge, das ich mit einem Schminkstift meiner Schwester dunkel umrandet hatte, um meinem Blick mehr Sensibilität und Tiefe zu verleihen. »Und du?«

Meine erste richtige Freundin hieß Regula, und wir verbrachten zwei schwierige Jahre miteinander. Sie sah zwar nicht wirklich aus wie Siouxsie, Nina Hagen, Poison Ivy Rorschach (The Cramps), Debbie Harry oder Lio, sondern entsprach eher dem unscheinbaren Tina-Weymouth-Typ (Bassistin der Talking Heads), aber sie war sehr hübsch, süß, lieb und klug und hatte viele Sommersprossen, und wir hätten glücklich sein können, wenn ich mich unserem Glück nicht so standhaft verweigert hätte. Bis vor kurzem glaubte ich, ich hätte *trotz* der verinnerlichten Pop-Songs in Liebesdingen so kläglich versagt – heute vermute ich eher, es war *wegen* der Texte.

»More Songs About Chocolate And Girls« hatten die Undertones gefordert, und das fand ich richtig und wichtig.

Joy Division, »Love Will Tear Us Apart«, Maxisingle-Cover, Factory Records

Ich hoffte, diese Songs würden dort einsetzen, wo Dr. Sommer, Suzy Quatro und Polo Hofer (»Teddybär«) meine »Education sentimentale« abgebrochen hatten, und mich durch die nächste, weit kompliziertere Phase meines Lebens lotsen. Die Phase, in der die flüchtigen Küsse auf dem Autoscooter und das tanzende Schmusen bei Klassenfeten hätten weiterentwickelt werden müssen zu Liebe und womöglich sogar zu … »Sex«, ja, zu richtigem »Sex«. Aber offenbar suchte ich auf den falschen Platten nach einem Modell für meine Beziehung zu Regula, denn während sie Erich Fromm las, studierte ich »Love Will Tear Us Apart« von Joy Division, das Liebeslied schlechthin jener Jahre, und die paar Verse, die ich übersetzen konnte, reichten aus, mein Verhältnis zu »Liebe«, »Gefühlen« und »Schlafzimmern« nachhaltig zu verwirren.

In den zwei ersten Strophen verstand ich jeweils nur eine Zeile, nämlich »emotions won't grow« und »why is the bedroom so cold?«, und Ian Curtis klang so resigniert, dass mich fröstelte. »Cry out loud in your sleep« – klagte er dann in der dritten Strophe, während die Band ihren unterkühlten, leisen und nicht aufbegehrenden Punk-Rock ganz in Moll schrammelte – »for my failures I suppose nanana/yes, nanananana desperation nanana/yes it's something so good/just can't function no more« – Was wollte mir Ian Curtis damit sagen? Die Liebe sei zu schön für mich? Und was funktionierte nicht mehr? Die Beziehung? Ich selber? – Wie auch immer, die Einsicht war unausweichlich: »Love will tear us apart, again«.

Was stellten solche Lieder mit dem hilfsbedürftigen Pop-Besessenen an? Wie sollte er sich in der Liebe zurechtfinden, wenn sogar Grauzone (Berner Stars, die er persönlich kannte, die er als Plattenverkäufer im Roxy höchstpersönlich bediente, mit deren Bassisten GT und Schlagzeuger Repi er auch mal ein Bier trank!), wenn also die berühmten Grauzone ihn in einem Lied mit dem Bild »Ich und du, wir liegen auf Scherben« erschreckten, und wenig später, in »Ich lieb sie«, die Liebe mit bedeutungsschwangerer Metaphorik von musenalpscher Expressivität besangen: »Ich leb-

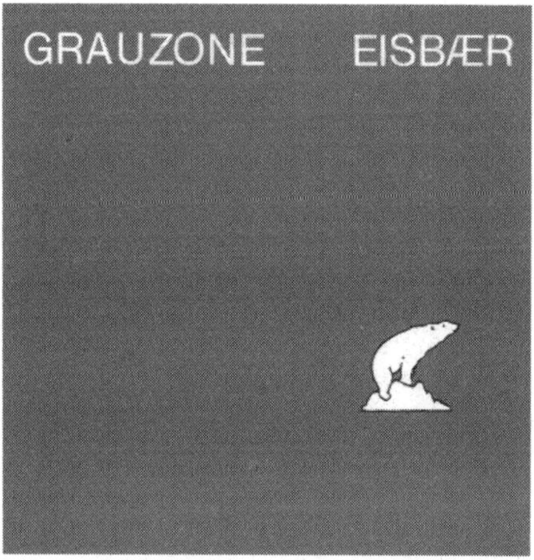

Grauzone, »Eisbär«, Single-Cover, Off Course Music

te hinter Masken/Sie hat sie mir zerrissen/Das war nett von ihr.« Wie rührend! Aber auch an diesem existenziellen Maskenball geschah das Unvermeidliche: »Dann sagte sie ein Wort/und schon war sie fort.« Und Martin Eicher wurde so traurig, dass er zu halluzinieren begann: »Komm gib mir Deine Hand/Wir gehen zusammen ins Wunderland/Dort gibt es nur Honigbäume und Marmelade.« (Honigbäume und Marmelade? Wirklich? Warum? Macht das verliebt? Ist das gut für Sex?) Aber auch da schien der große Bruder von Stephan nicht glücklich zu werden, und der nächste Schritt tiefer in die delirierende Verzweiflung hallt bis heute nach: »Ich möchte ein Eisbär sein/Im kalten Polar/Dann müsste ich nicht mehr schrein/Alles wär so klar.«

»Hast du die neue Cabaret Voltaire schon gehört?« – »Natürlich! Total kaputt! Und kennst du schon die neue Throbbing Gristle?« – »Ja! Extrem! Und die neue Chrome?« – »Kult! Und MX-80 Sound?« – »Kenne ich nicht.« – »Brauchst du!«

Grauzone, »Eisbär«, Single-Backcover, Off Course Music

Happy Ends waren verpönt, wenn nicht verboten, und heute verdächtige ich mich, mein Glück mit Regula mehr oder weniger bewusst und mutwillig sabotiert zu haben – um dann, als sie mir im Frühjahr 1982 zu Recht den Laufpass gab, über ein Jahr lang an meiner unerwiderten Liebe zu ihr zu verzweifeln. Vermutlich entdeckte ich in jener Zeit, stolz auf meine Originalität, das tiefsinnige Wortspiel »Leidenschaft = Leiden schafft«, und ich leckte meine Wunden im »Temple of Love« der Sisters of Mercy, auf dessen Altären »Love like Blood« floss (womit Killing Joke vermutlich nicht das Menstruationsblut meinten), und wo PILs morbide »Flowers of Romance« die Luft vergifteten.

Das hinderte mich aber nicht daran, gleichzeitig und mindestens ebenso leiden-schafft-lich in mehrere andere Mädchen verliebt zu sein. »When a man loves a woman«, sang Scritti Polittis Green Gartside, »he's happy … maybe.« Vor allem dieses »vielleicht« hallte in meinen Ohren nach, wenn ich mal wieder anderthalb Stunden in der Nähe einer Busstation (der Linie 19 zum Beispiel) herumgelungert

Public Image Limited, »Flowers Of Romance«, Single-Cover, Virgin Records

Public Image Limited, »Bad Life«, Single-Cover, Virgin Records

war, in der Hoffnung, eine Angebetete »zufällig« zu treffen. Solche subtilen Annäherungsversuche gehören wahrscheinlich in jede anständige Pubertät, aber in der meinen wurden sie gefördert von Songs wie »Gettin' Havin' and Holdin'« (von Scritti Polittis »Songs to Remember«, 1981, dem Beweis, dass es auch in jenen Jahren der Pop-Verweigerung möglich war, perfekten Pop zu produzieren). »When a man loves a woman, he's never alone«, machte ich mir vor, während ich an der Bushaltestelle fror und sich die Kioskfrau zu wundern begann, warum ich Bus um Bus an mir vorbeifahren ließ und nie einstieg. Und wenn ich dann zu Tode betrübt und mit durchgefrorenem Herzen von dannen zog, sah ich mit Green Gartside ein: »When a man loves a woman, he's always alone.«

Oh ja, die Einsamkeit. Die »Isolation« (Joy Division) im »Ice Age« (Joy Division). Die romantisch verklärte Einsamkeit. Ich suchte sie, um dann mit den Stooges um die Wette klagen zu können: »No fun to be alone/In love with nobody else.« Genügend Songs bestärkten mich in der An-

Laibach live in Rennes, 1987, Christian-Gasser-Archiv

nahme, dass es sich für jemand wie mich gehörte, einsam zu sein: »I was all alone, I could have died there/I was all alone and I did not care« (»Bad America«, Gun Club). Wie ein einsamer Wolf beziehungsweise »feeling like a caged panther« (Germs) oder »feeling tragic like I was Marlon Brando« (»China Girl«, Iggy Pop) streunte ich durch Berns Gassen, unverstanden und verkannt, aber stolz. »Huh, I'm a rebel, ah aahhh!« (Alan Vega). Auch mein pubertäres Unbehagen bestätigten genügend andere Bands. An den Tagen, in denen ich mich unwohl in meiner Haut fühlte, sangen die Talking Heads »I feel like an accident« (»Crosseyed & Painless«), wenn es schlimmer wurde, bliesen mir die Contortions sofort »I Can't Stand Myself« um die Ohren, und wenn ich mit der Außenwelt haderte und mich fühlte wie ein Fremdling oder ein Außerirdischer, waren DAF zur Stelle: »Ich und ich im wirklichen Leben. Ich fühle mich so seltsam. Ich fühle mich so seltsam.«

Ich war unglücklich, nein: ich suhlte mich voll wolllüstigen Selbstmitleides in meinem Elend, und meine Seele brannte (Einstürzende Neubauten), aber ich fühlte mich in der Verzweiflung des romantischen Desperados doch ziemlich cool. Hoffnungslos verliebt zu sein schien mir interessanter und intensiver als eine erfüllte Beziehung, und um Weltschmerz und Liebeskummer ungehindert und in vollen Zügen zu genießen, verliebte ich mich mit besonderer Hingabe in Mädchen, die ich, wie ich mir einredete, unmöglich rumkriegen könnte – und falls das Wunder doch geschähe, würde es unmöglich gut ausgehen. Für eine Idylle zu zweit war Laibachs martialisches »Die Liebe – die Liebe ist die große Kraft, die alles schafft« ganz einfach zu wenig kuschelrockig, während der »Sex Beat« vom Gun Club (»we can fuck forever, but you never can get my soul«) die flüchtigen Bekanntschaften unter einen wenig zukunftsträchtigen Stern stellte. War's dann dennoch mal so weit, kamen mir prompt Gang of Fours »Contract« in die Quere: »These social dreams/Put in practice in the bedroom/Is this so private/Our struggle in the bedroom?« – Wie unsere gesellschaftlichen Utopien im Schlafzimmer korrekt ausgefochten werden mussten, verschwiegen sie aber. Und bei aller Offenheit und Neugierde fand ich Captain Beefhearts Partnerwahl und Stellungsspiele doch reichlich abartig: »Making Love To A Vampyre With A Monkey On My Knee.« Was auch immer geschah: »When a man loves a woman, he's about to be heartbroken.«

Da blieb mir, obschon ich seelisch und körperlich nach Liebe und Sex lechzte (und 1982 heimlich zum ABBA-Fan wurde), ja wirklich nur noch PILs trotzige Hymne zur Zeit: »This Is Not A Love Song!«

»Hast du gestern im Sounds! dieses deutsche Lied gehört, über den Außerirdischen?« – »›Fred vom Jupiter‹? klar! Total schräg!« – »Dieser Andreas Dorau, der ist so alt wie wir und

hat dieses Lied mit ganz vielen Mädchen aus seiner Schule aufgenommen!« (Bewunderndes und neidisches Schweigen.)

Haben es die Heranwachsenden heute einfacher dank der »Oops, I did it again«- und »Free your body«-Botschaften ihrer Idole? Wäre meine schwierige Phase angenehmer ausgefallen, wenn sich meine Pop-Helden verantwortungsbewusster um meine Erziehung gekümmert hätten? Oder wenn ich, um die Kunst der Liebe zu verstehen, nicht zu PILs stachligen »Flowers of Romance« gegriffen hätte, sondern zu ABCs smart gestyltem »Lexicon of Love«? Hätte ich, wenn ich, statt Jeffrey Lee Pierce und Ian Curtis nachzueifern, zum Beispiel »Fred vom Jupiter« ernster genommen hätte, zu einer lebens- und liebesbejahenderen Einstellung gefunden? – Schließlich war Fred ein Alien (so fühlte ich mich ja auch), der sich (wie ich) auf diesem Planeten unwohl fühlte (»er landete nicht gern«) – doch schaffte er es (im Gegensatz zu mir), seine, hm, Andersartigkeit gerade bei Frauen erfolgreich anzubringen, und das schien

Andreas Dorau und die Marinas, »Fred vom Jupiter«, Single-Cover, Atatak Records

ihm (und ihnen) nicht wenig Spaß zu bereiten. So viel Spaß, dass die Ehemänner kurzerhand sein Raumschiff wieder auftankten und ihn ins All zurückschickten.

(Mädchenchor:) »Fred vom Jupiter, Fred vom Jupiter, Fred vom Jupiter – Geh doch nicht fort«

(Fred vom Jupiter:) »Aber aber meine Damen, nicht traurig sein, ich komm doch bald wieder!«

11

Geh in die Knie, wackle mit den Hüften!

E*s geht voran!«*, riefen uns die deutschen Fehlfarben zu. Ausgezeichnet. Aber: Wohin? Und: Wozu überhaupt?

Was hatte die bleierne Stimmung verursacht, die sich über die frühen Achtzigerjahre legte? Was ließ Verweigerung, Liebeskummer und Selbstzerstörung als vorbildhafte Lebensentwürfe erscheinen? War es wirklich die Musik – »It's the Eighties! I push! I struggle!« (Killing Joke) –, die ich hörte? Oder trugen ganz einfach die pubertären Wirren

Heaven 17, »Contenders«, Single-Cover, Virgin Records

die Schuld? Und was für einen Einfluss übte die Weltpolitik aus?

»Let's All Make A Bomb!« (Heaven 17)

»The lunatics have taken over the asylum« stellten wir 1982 mit Fun Boy Three fest, als Ronald Reagan, Maggie Thatcher, Helmut Kohl und Leonid Breschnew, der letzte echte sowjetische KP-Apparatschik mit buschigen Augenbrauen, verschlossener Miene und bärischem Bass, die Karten für eine weitere Spielrunde Kalter Krieg mischten und gleichzeitig – auch daran bestand kein Zweifel – danach trachteten, Orwells »1984« in die Wirklichkeit umzusetzen. Hatten uns die Dead Kennedys nicht schon 1980 gewarnt: »Now it is 1984/Knock knock knock at your front door/it's the suede denim secret police« (»California Über Alles«)? Da konnten wir nur noch betroffen nicken. So ist es. No Future. Da kann man nichts machen. Außer mit der Kult-Band Eintagsfliege »Alle Macht der Securitas!« fordern.

Ich will die Zukunftsängste heutiger Kids nicht verniedlichen. Aber unter uns gesagt: Ist die Angst vor ein bisschen Arbeitslosigkeit, neoliberalem Konkurrenzkampf und einem Börsenkrach zu vergleichen mit unserer Überzeugung, den Dritten Weltkrieg nicht zu überleben? Na? – Jene Furcht kann man mit Strebsamkeit und Anpassungswillen bannen – aber was konnte unsere arme, tragische und sich (wie jede Generation vor und nach ihr) verloren wähnende Generation wider Reagans »Star Wars« und das Kriegsrecht in Polen schon ausrichten? Sollte ich mich etwa auf Friedensmärschen in eine Lichterkette einreihen? Und mich langweiliger Lichterkettenmusik aussetzen?

Lieber blieb ich vor meiner Stereoanlage hocken, stülpte die Kopfhörer über und hörte Deutsch-Amerikanische

Freundschaft (DAF) – »Und der Osten ist am besten. Der Luxus ist im Westen. Der Westen ist zufrieden.« –, bis es mir vor lauter Totalitarismusfantasien, Kriegsängsten, Verschwörungstheorien und Ohnmachtgefühlen – »Der Westen ist am besten. Doch der Osten währt am längsten.« – wohlig kalt den Rücken runterlief.

»I could be desperate, I think I'm brave/You gave me nothing/ I want more more more/I want everything in 1981« (PIL).

»Geh doch nach Sibirien, wenn's dir hier nicht passt!«, zischte mir ein älterer Herr erbost zu. Was war nur in die Erwachsenen gefahren, wunderte ich mich. Warum reagierten sie so gehässig auf die roten Flugblätter, mit denen der Plattenladen Roxy seine Sonderangebote anpries? Merkwürdig, sehr merkwürdig, aber ich ließ mich davon nicht beirren, verteilte meine Flugblätter und arbeitete unwissentlich weiter an meinem neuen Image des gefährlichen Revolutionärs. Erst als mein Deutschlehrer das Flugblatt mit einem missbilligenden Schnauben zurückwies, dämmerte mir, dass ich nicht für einen Arbeitnehmer im Dienst der freien Marktwirtschaft gehalten wurde, sondern für einen Drahtzieher und Aufwiegler der »Jugendbewegung«, deren Demos und andere Aktionen unser beschauliches Hauptstädtchen eine Weile aus seinem Beamtenschlaf rissen und mit Spaß und Spannung, Scherben und Tränen belebten.

Dass Popmusik und Politik eine intensive Beziehung pflegen, ist eine Binsenwahrheit – spätestens seit die »Love Parade« als politische Veranstaltung gilt. Deshalb ist die Politik ein wichtiger Bestandteil eines popbesessenen Daseins, unter der Bedingung allerdings, dass die »richtige« und »gute« Musik im Spiel ist. Das war 1980, dem Jahr, in wel-

Dead Kennedys, »Holiday In Cambodia«, Single-Cover, Alternative Tentacles

chem der Punk seine gesellschaftliche Wirkung zeitigte, der Fall. Musikalisch war Punk zwar seit einiger Zeit tot, aber die kalifornischen Dead Kennedys hatten nicht nur ein so geiles Logo, dass ich einen DK-Badge trug, noch bevor ich ihren ersten Song gehört hatte, sondern erfanden auch den Hardcore, und mit bissigem Sarkasmus artikulierte ihr Frontmann Jello Biafra in Hits wie »California Über Alles«, »Holiday In Cambodia«, »Too Drunk To Fuck« oder »Nazi Punks – Fuck Off!« unser diffuses Unbehagen. Egal, was Historiker heute behaupten mögen – im Geschichtsbild des Pop-Besessenen besteht ein enger kausaler Zusammenhang zwischen dem Dead-Kennedys-Debüt »Fresh Fruits For Rotting Vegetables« und dem Ausbruch der Jugendunruhen von 1980, und vermutlich hätten viele Missverständnisse vermieden werden können, wenn die Journalisten, Sozialarbeiter und Politiker dieselbe Musik wie wir gehört oder sich zumindest damit auseinander gesetzt hätten.

Einmal genossen ein paar Freunde und ich einen friedlichen Spätsommerabend auf der Münsterplattform, wir

Dead Kennedys, »California Über Alles«, Single-Cover, Alternative Tentacles

hörten Public Image Limited und plauderten über Gott und die Welt und die nächste Demo, als ein junger Erwachsener mit gepflegtem, halblangem Haar uns hinterrücks überfiel. Ein Jugendarbeiter! Frisch diplomiert! Idealistisch! Engagiert! Auf unschuldige Jugendliche losgelassen, um die Theorie in die Praxis umzusetzen!

Ich gebe zu, dass wir uns in solchen Situationen gerne verstockt verhielten, aber es war doch ärgerlich, dass dieser diplomierte Frischling in Jesussandalen uns nicht wirklich zuhörte, sondern uns in einem mit komischen Fremdwörtern und abgedroschenen Sozialklischees verbrämten Wortschwall darlegte, warum wir unzufrieden seien und uns gegen die Autorität unserer Eltern und des Staates auflehnten und absurde Slogans an die Wände sprühten, und weshalb wir ein Autonomes Jugendzentrum nötig zu haben glaubten usw. Ich staunte. Der Diskurs klang klug und einleuchtend, der Typ verspürte offenbar eine Art neidische Sympathie für unsere Demos, und wir ließen uns von ihm einlullen, bis uns das ungute Gefühl aufschreckte, dass er gar nicht wirklich von uns und mit uns redete und eigentlich überhaupt nichts begriffen hatte. Jedenfalls drehte einer von uns den Gettoblaster etwas lauter, der Jugendarbeiter stutzte, hörte genauer hin, und musterte uns dann mit einer geradezu kummervollen Miene. Was ist das bloß für Musik! bedeutete seine in Falten gelegte Stirn, und er erstummte. Endlich.

Wenn die akad. dipl. Fachkräfte aus Soziologie und Jugendarbeit endlich auf die Straße geschickt werden, sind sie musikalisch einige Generationen zu alt. Wie hätte ich mich mit jemandem über meine Frustrationen, Ängste und Wunschträume unterhalten können, dessen poppolitischen Koordinaten von den Protestsongs der Sechzigerjahre und Woodstock definiert worden waren, und der von Punk und seinen Folgen nicht mehr als die üblichen altlinken Vorurteile (»primitiv«, »faschistoid« etc.) verinnerlicht hatte?

Und da wunderten sich die Verständnis heuchelnden, aber nichts verstehenden Erwachsenen, dass wir den Dialog verweigerten. Welchen Dialog? 1980 war nicht 1968. 1980 war Punk, und da hatten Diskurse, Ideologien und theoretische Utopien wenig Platz, vielmehr ging es um Irritation, Provokation und um ganz konkrete Forderungen. Die wir, die verwöhnten Kinder der Hochkonjunktur, uns notfalls mit der seit frühester Kindheit bewährten Taktik erkämpfen wollten: sich im Supermarkt auf den Boden schmeißen und quengeln.

Natürlich gab es Fundamentalisten, die die Zürcher, Berliner und Berner Demos für den Beginn der Weltrevolution hielten, und die uns an den VVs die Köpfe leer laberten, aber die meisten dachten »Anarchy and Freedom, that's what I want« (Crass) und meinten damit einen Ort, wo sie in den letzten Monaten vor dem Atomkrieg noch ein paar gute Konzerte genießen konnten (an denen

Demo-Flugblatt, Bern, ca. 1981

sie dann, zur Entrichtung einer freiwilligen Kollekte gezwungen, von den Fundis zu besseren Menschen erzogen wurden). Wir wurden Guerilleros, die Altstadt war unser zentralamerikanischer Dschungel, und frei nach dem Motto »I don't know what I want, but I know I will get it« (»Anarchy In The UK«, Sex Pistols) schmiss ich mutig Steine gegen Plastikschilder und harte Helme und schloss mein körperertüchtigendes Training mit schnellen Spurts ab.

An einem besonders bewegten Abend von »Heat – War – Sweat – Law« unterbrachen wir die Demo »at the height of the fighting« (Heaven 17) und legten bei einem Genossen, dessen Eltern in den Ferien waren, eine Gefechtspause ein. Während wir uns mit kalten Pizzaresten und Nica-Bananen stärkten, literweise Kaffee (vermutlich aus El Salvador) tranken und unsere Halstücher mit frisch gepressten Zitronen (aus Libyen?) beträufelten, hörten wir ein ums andere Mal und in voller Lautstärke die neueste Single von TNT, der »Züri Brännt«-Band mit der süßen, 15-jährigen Sängerin Sara: »Razzia Razzia, öisi Schmier isch wider da!/Razzia Razzia, si wänd d'Kontrolle über öis haa!« Das mussten wir natürlich verhindern, und so stürzten wir uns, von diesen legalen Aufputschmitteln gedopt, zurück in den Straßenkampf. Und fanden ihn nicht. Wir irrten die Altstadt rauf und runter, folgten den schwachen Tränengasschwaden in die Lorraine, zogen dann an die Aare und auf der anderen Seite rauf zur Reitschule und am Waisenhausplatz vorbei zurück in die Altstadt (in solchen Nächten lernte ich das romantisch-malerische Bern und seine verwinkelten Gassen, dunklen Treppen, heimlichen Fluchtwege erst so richtig kennen) – keine Action mehr, alles vorbei, die Revolution hatte vielleicht stattgefunden, und wir hatten sie verpasst, und wir standen da, voll überschüssiger, überflüssiger Energie. Wohin damit? – Auf eine Baustelle. Uns kam leider nichts Klügeres in den Sinn (aber eigentlich war »öisi Schmier« daran schuld – warum hat sie nicht auf uns gewartet?), und wir tobten uns an Baugerüsten aus. Bis ein Securitas-Wächter mit einer Taschenlampe in unsere Richtung leuchtete und wir uns kleinlaut davonstahlen. Ich hoffe, Mark Stewart spielte nicht auf unser vandalistisches

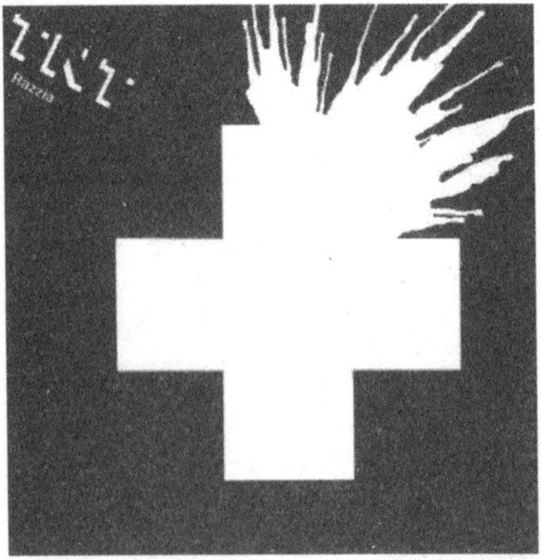

TNT, »Razzia«, Single-Cover, Disctrade Records

Treiben an, als er 1983 seinen militanten Straßenfunk mit Megaphon-Ästhetik »Learning To Cope With Cowardice« taufte.

Abgesehen von ein paar peinlichen Amokläufen waren diese Demos echte »Teenage Kicks«, nächtelang Aufregung und Vergnügen, Jugend und Sport, und die Tränen kullerten für einmal nicht aus Weltschmerz und Liebeskummer über meine Wangen. Liebe Politikerinnen und Politiker jener Jahre, ich möchte mich nachträglich recht herzlich für diese therapeutisch so wertvollen und persönlichkeitsbildenden Scharmützel mit der Obrigkeit bedanken.

»Auch wenn die Welt verrückt ist und jeder arg bedrückt ist, ich leb doch.« (»Lebdoch«, Der Plan)

Der Raum war düster, die Luft war muffig, das Schwarzlicht brachte die Schuppen auf meinem schwarzen Hemd zum Gleißen, und ich versuchte, mein Lebensgefühl auf eine möglichst coole Weise (oder was ich mir darunter vorstellte) auszudrücken. Ich bewegte mich wenig, und meine Augen fixierten, von einer langen Haarsträhne halb verdeckt, meine Fußspitzen. Das war nicht Soft Cells »Non-Stop Ecstatic Dancing«, sondern der Ausdruckstanz zu Jeffrey Lee Pierces Befindlichkeitsmetapher »I'm 1000 miles below/I'm in a hole waiting for you« (»Moonlight Motel«, Gun Club).

Wir gaben uns zwar viel Mühe, an Weltschmerz, Liebeskummer und Atomkriegsangst zu leiden, aber das konnte uns nicht vom Tanzen abhalten. Unsere Tänze mussten aber dem Zeitgeist Tribut zollen, und der heischte etwas ganz anderes als das »Staying Alive« des Klassenfeindes. Unsere Tänze waren morbide: Auf der »Death Party« (Gun Club) tanzten wir zu »Death Disco« (PIL) den »Tanz mit dem Tod« (Grauzone). Unsere Tänze waren verwirrt: Auf dem »Ball of Confusion« (Love & Rockets) tanzten wir den »Gummitwist« (Der Plan). Und natürlich waren unsere Tänze politisch: »Tanz den Mussolini. Und jetzt den Adolf Hitler. Beweg deinen Hintern. Und tanz den Jesus Christus« (DAF), und dann tanzten wir, aktuell zur Libyenkrise, den »Funkahdafi« von Front 242, und immer wieder setzten uns Heaven 17 in Bewegung: »Brothers, Sisters, we don't need that fascist groove thang«.

Ich schlurfte also auf der Tanzfläche rum, nickte im Rhythmus der Musik mit dem Kopf, strahlte eine tiefe Sensibilität aus (oder vermutlich: in mich hinein), und ich wartete und wartete und wartete, und ich wunderte mich allen Ernstes, warum sie nicht merkte, dass ich mit meinen introvertierten Gesten um sie warb – sie, eine glamouröse Schönheit, die aussah, als trage sie immer eine Familiensprühdose superfixierenden Haarsprays in der Handtasche, und die mir unlängst in der Strafbar, einer gerade angesagten illegalen Bar, gesagt hatte, ich hätte schöne Augen – *Warum nimmt sie mich heute nicht wahr? Warum spürt sie nicht, dass ich in sie verliebt bin?* – und ich starrte auf den Boden, und ich starrte möglichst nicht in ihre Richtung – *Hätte ich anders auf ihr Kompliment reagieren sollen? Hätte ich ihr etwa gestehen sollen, dass ich sie wunderschön finde?* – und ich bewegte mich gefühlvoll weiter, eins mit der Musik – *Hätte ich ihr meine Freude über ihre Einladung an diese Party etwa zeigen sollen, statt gleichgültig mit den Schultern zu zucken? Wäre das aber nicht uncool gewesen? Zu offensichtlich und zu anbiedernd?* – meine Bewegungen wurden immer matter – *Warum turtelt sie bloß mit diesem aufgekratzten, oberflächlichen Geck herum? Der schreibt bestimmt nicht einmal Gedichte!* – und ich war enttäuscht, dass sie nicht von selber zu mir kam, tausend Meilen tief tauchte, um mir in die Augen zu schauen – *Dabei habe ich aus Vorfreude kaum schlafen können. Und jetzt das. Warum bloß? Warum?* – und mich bei der Hand zu nehmen und rauszuholen und *mit mir in den Sonnenaufgang zu spazieren – oder zumindest ins Bett. Das hätte ja gereicht, für den Anfang.*

Diese lässige Gleichgültigkeit, die Weltgewandtheit vortäuschen sollte, stellten wir auch an vielen Konzerten dar. Als Wall of Voodoo im Fri-Son in Freiburg spielten, schien es, als stünde das ganze Publikum an die Wände gelehnt. Als sei das Publikum gekommen, um sich davon zu überzeugen, dass Wall of Voodoo nach dem Weggang von Stan Ridgway schlecht geworden waren. Das waren sie natürlich, und außerdem irritierten diese rückständigen Amerikaner uns moderne Europäer, weil sie Cowboy-Hüte trugen und einen Plastikkaktus aufgestellt hatten *(Meinen sie das ironisch? Oder ernst?).* Ist das aber Grund genug, sich dem Spaß zu verweigern und auch bei »Mexican Radio« stehen zu bleiben, wenn man 15 Franken Eintritt gezahlt hat? – Ja, offenbar war das Grund genug. Spaß haben war schlicht nicht cool. Zu zeigen, dass man sich amüsierte, war das Letzte. No Fun.

An dieser kühlen Distanz waren die Bands nicht unschuldig. Viele, insbesondere englische Gruppen sprachen kein Wort zum Publikum, sondern standen wie Statisten auf der Bühne, starrten konzentriert auf ihre Schuhe und strengten sich an, möglichst lustlos und unsexy zu wirken. Außerdem galt es als Beweis von künstlerischer Aufrichtigkeit, die Erwartungen des Publikums zu unterlaufen. Natürlich war ich enttäuscht, dass New Order im April 1984 ihren damaligen Welthit »Blue Monday« nicht spielten, aber nie im Leben hätte ich das zugegeben. Denn gerade die Verweigerung des Hits war »Kult!«. Dass allein die Frage, ob sie »Blue Monday« spielen würden oder nicht,

The Sisters of Mercy, »Temple Of Love«, Single-Cover, Merciful Records

dem Konzert eine gewisse Spannung verlieh und der einzige Grund war, bis zur Zugabe auszuharren, war da nebensächlich. The Sisters of Mercy dagegen spielten alle Songs, die wir von ihnen erwarteten – aber sie machten sich unsichtbar. Andrew Eldritch trug einen schwarzen Ledermantel, einen schwarzen Schlapphut und eine schwarze Sonnenbrille, und die Bühne war während des ganzen Konzertes dermaßen eingenebelt, dass man die anderen Musiker nur als dunkle Schatten wahrnahm. Auch das war Kult.

»Fight for your right to party!« (Beastie Boys)

Erst die Cramps zeigten mir, im April 1986, dass diese Kühlheit öde war, und dass man an einem Konzert (und warum eigentlich nicht auch im richtigen Leben?!) doch lieber Spaß haben sollte. Von Zeit zu Zeit zumindest.

Die Popmusik ist reich genug, um zur These immer auch die Antithese anbieten zu können, zur Krankheit die Therapie und dazu wiederum die Gegenmedizin. Wie

Cramps, »Can Your Pussy Do The Dog«, 10"-Single-Cover, New Rose Records

in jedem Film übt der Soundtrack auch im Leben Einfluss auf Plot und Stimmung aus. Mein Soundtrack hatte die pubertären Wirren zweifellos intensiviert, doch hat mir die Popmusik trotz allem immer wieder Lichtblicke und simple Glücksmomente (mit den Undertones oder XTC etwa) beschert oder prügelte mich kraft der ruppigen Riffs von Sixties-Garagenpunk- und Hardcore-Kombos regelmäßig aus meinem Selbstmitleid ... – und so begleitete sie mich auch auf dem Weg aus diesem Labyrinth hinaus.

Die Cramps waren trashig, sexy, primitiv und von erfrischender Vulgarität. Der halbnackte Lux Interior steckte sich das Mikrofon in die hautengen Lederhosen, während ich mich so nahe wie nur möglich zur halbnackten Poison Ivy vordrängelte, um herauszufinden »what's inside a girl«, und ob die Haremsdame meiner Fantasien weiße Strümpfe trug oder ihre Haut wirklich so makellos weiß war (sie war makellos weiß). Dann endlich, Jahre zu spät, stellten wir die einzig richtige Gegenfrage zu »Es geht voran«: Wir brüllten fröhlich »How Far Can Too Far Go« und hopsten gut gelaunt durch das Volkshaus.

Noch unmissverständlicher markierte im November 1986 ein Konzert der französischen Polit-Punk-Band Bérurier Noir die Veränderung: Statt 1000 Leute drängelten sich mindestens 1500 Fans im Elysée Montmartre, Bier und Sauerstoff waren schon nach der zweiten Vorband alle, und als das Duo mit Höchstgeschwindigkeitsbeatbox und Dreiakkordgitarre, mit tausend Masken und hundert Kostümen und begleitet von seinen Sängerinnen, Tänzerinnen, Feuerspuckern und Artisten auf die Bühne stürmte und sein grandioses Spektakel entfesselte, war die Hölle los. Zwei Chansons lang drückte ich mich wie versteinert, geradezu verängstigt an eine Säule, ehe ich mich in die wogende Masse stürzte, rumhüpfte wie ein Gummiball und die unwiderstehlichen Ohrwürmer mitbrüllte. Das war Rock'n'Roll. Das war Politik! Das war Anarchie! Das war Unterhaltung! Das war Sex! Das war Revolution! Das war positives Trinken! Das machte Spaß! Und das waren ja gar

Bérurier Noir, »Concerto Pour Détraqués«, LP-Cover, Bondage Records

keine Widersprüche! Während der dritten Zugabe kollabierte die Anlage, uns war das egal, wir pogoten und grölten einfach weiter – »Petit agité/tous des Béruriers/petit Bérurier/tous des agités« – noch eine halbe Stunde lang, und als ich endlich, heiser und klatschnass, in die kalte Nacht wankte, war ich glücklich. Lebensfreude und Genusssucht hatten die Niedergeschlagenheit endgültig besiegt, und alles wurde anders.

»Everything is fine, but I can't find my mind« (Cramps)

Die Achtzigerjahre. Sie klangen nicht nur interessanter und besser als ihr Revival, sondern waren auch komplexer, widersprüchlicher und bisweilen schlicht krank und befremdlich. In einem Jahrzehnt, in dessen erster Hälfte Werte wie »Kaputtheit« gefeiert wurden, Selbstzerstörung als nachahmenswerte Tugend galt und Drogen nicht in erster Linie zur Steigerung des Lebensgenusses konsumiert wurden, musste jemand wie Nick Cave zum großen Helden werden.

Jungen Menschen, die jetzt verwundert den Kopf schütteln, sei gesagt, dass seither ein Paradigmenwechsel stattgefunden hat: Im Gegensatz zu heute waren es damals die Popstars, die sich mit Drogen vollpumpten, und vor denen wir von unseren Eltern gewarnt wurden, während der Sportler damals noch Milch und Rivella[11] trank und als Vorbild für eine geistig und körperlich gesunde Lebensweise angepriesen wurde. Wie die Zeiten sich doch ändern!

Item, man pilgerte auf die Konzerte von Nick Cave, um sich zu vergewissern, dass er noch kaputter war als bei sei-

11 Schweizer Softdrink auf Milchsäurebasis, der jahrelang mit dem Slogan »Sportler trinken Rivella« beworben wurde.

nem letzten Konzert, und insgeheim hatten viele die morbide Hoffnung, ihn auf der Bühne zusammenklappen oder gar abkratzen zu sehen. Das wäre »Kult!« gewesen! Eine Geschichte, die man noch seinen Enkeln erzählen würde, und mit der ich heute meine jungen Leserinnen und Leser beeindrucken könnte. Aber Nick Cave war zäher als erwartet, er überlebte, und als er am Ende des Jahrzehnts, 1988, noch nicht tot war, sondern im Gegenteil gesünder und weniger zugedröhnt wirkte, belauschte ich nach dem Zürcher Konzert zwei junge Männer, die ohne jegliche Ironie Nick Cave deswegen »kommerziellen Ausverkauf« vorwarfen. So hart konnten sie sein, die Achtzigerjahre. Gut, dass es voranging und sie sich ihrem Ende näherten.

Ich hab da einen verrückten Schweizer kennen gelernt!

Paris, 1987: Mein Kopf barst, ich japste nach Luft, ich wusste nicht, ob Platzangst oder Glückseligkeit überwogen – Sonic Youth verwandelten kraft ihrer hunderttausend verzerrt heulenden und jaulenden Gitarren das Elysée Montmartre in einen Pfuhl zäher Gitarrenlava. Ekstatisch wirbelte ich durch den Saal, es war eines der intensivsten Konzerte aller Zeiten, ich soff Bier und Musik, flirtete hemmungslos mit der schönen Sängerin eines französischen Techno-Duos, wurde von besonders wuchtigen Gitarrenwellen von ihr weggerissen, an den Bühnenrand

Sonic Youth, Promofoto, Geffen Records

gesaugt oder an die hintere Wand katapultiert, alles drehte sich, ich strahlte die Sängerin an, sie ließ sich umwerben – oh Wonne! Glückseligkeit! Euphorisch riss ich die nächste Bierdose auf, jauchzte gegen den sublimen Krach an – aber, hélas! –

Ich entsinne mich nicht, je eine Frau aus einem Konzert abgeschleppt zu haben, mit der ich nicht schon hingegangen war. Vielleicht hat mich mein erster konzertanter Annäherungsversuch traumatisiert: Am Devo-Konzert im Juni 1980 hatte ich mich hinter eine zierliche Blondine gestellt und hoffte, sie mit meinen selbstvergessenen Zuckungen zu bezaubern. Vergeblich – alles, was ich erntete, war ein flüchtiges »Sorry«, als sie mir mit ihren spitzen Absätzen vermutlich während »The Girl U Want« auf den Fuß hüpfte.

Da wurde dem Pop-Besessenen schmerzlich bewusst, dass er nicht zum Balzen und Paaren aufs Konzert geht, sondern für die Musik, und diese vereinnahmt ihn meistens zu vollständig, als dass er, obschon Sex und Rock'n'Roll sich gerade in der promiskuitiven Spannung ihrer öffentlichen Ze-

Suicide, live in Paris, 1986, Christian-Gasser-Archiv

lebrierung innig umschlingen, seinen Trieben nachgeben könnte. Außerdem ist es fraglich, wie sexy ein durchgeschwitzter Bursche mit glühenden Augen ist. Rührend vielleicht und süß, naja, aber nicht wirklich zum Anfassen und Abschleppen. Und überhaupt: Traut frau einem wegen simpler Musik zu infantilem Gebaren regredierenden Wesen zu, ein guter Liebhaber, Freund, Partner, Ehegatte, Vater, Alimentezahler usw. zu sein?

Deshalb ist es wahrscheinlicher, dass der Pop-Besessene während eines Konzertes Männerfreundschaften schließt. Mit Gleichgesinnten. Fürs Leben. Meinen besten Freund habe ich am 15. November 1986 – ich lebte seit zwei Wochen in Paris – auf dem Suicide-Konzert im Elysée Montmartre kennen gelernt. Der Typ fiel mir schon während der Vorband auf. Pop-Besessene erkennen sich.

Etwas unterscheidet sie von den gewöhnlichen Fans. Der fiebrige Blick? Die Anspannung? Das verklärte Grinsen? Er wirkte nervös, ungeduldig und voll ängstlicher Vorfreude. Wie ich. Würden Suicide unsere Hoffnungen erfüllen? Oder würden wir nur dem ärgerlichen Schwanengesang einer der legendärsten Bands aller Zeiten beiwohnen? Ich kriegte mit, wie er Daniel Darc (ex-Taxi Girl) anquatschte, einfach so, und bewunderte seine Chuzpe. Hätte ich mich nie getraut. Aber: Nun ging es um Suicide. Viel stand auf dem Spiel. Als der Typ seinem Begleiter die Geschichte von Suicide erzählte und sich prompt im Gründungsjahr vergriff (er sagte 1977, dabei weiß doch jedes Kind, dass sich Alan Vega und Martin Rev schon in den frühen Seventies etc.), konnte ich nicht anders: Ich musste ihn freundlich, aber bestimmt auf seinen Irrtum hinweisen. Entgeistert starrte er mich an, wir wechselten ein paar Worte, dann rief Antoine, so heißt er, seinen Bruder: »Charlie!

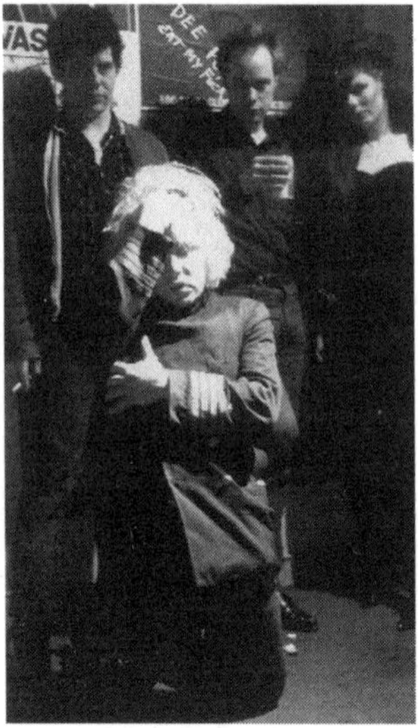

Gun Club, Konzertticket und offizielles Fotoshooting, Paris, 1983, Christian-Gasser-Archiv

Ich hab' da einen verrückten Schweizer kennen gelernt«, und das, liebe Leserin, lieber Leser, war der Beginn einer wunderschönen Freundschaft, die bis heute anhält.

Für den Pop-Besessenen ist das Konzert nur ausnahmsweise (Ramones 1981, Cramps 1986, Bérurier Noir 1986, La Mano Negra 1989, NoMeansNo 1990, Stereo Total 1998) eine kollektive Erfahrung. Er sucht im Gegenteil das Zwiegespräch mit der Band oder dem Musiker. Deshalb zieht es ihn meistens zur Bühne und nur in absoluten Notfällen in große Hallen oder Stadien. Es war lebenswichtig, Iggy Pop 1980 hautnah zu erleben und ihn ein- oder zweimal sogar anzufassen. Wichtiger noch, als ihm anschließend vorgestellt zu werden (aber das ist eine andere Geschichte), war es zu beobachten, wie David Thomas am 1. März 1981, einem tristen Sonntagabend, dem widerborstigen Pere-Ubu-Sound einen Körper gab und den tristen Mehrzwecksaal in einem tristen Berner Vorort zur Startrampe für einen Trip in eine andere musikalische Dimension machte. Berührend war, wie derselbe David Thomas, der im März 1984 im Restaurant Schweizerbund als entspannter Entertainer und Conférencier geglänzt hatte, zwei Jahre später im Zaff, aus Scheu vor dem Publikum, seine Augen während des ganzen Konzertes geschlossen hielt. Nie vergessen werde ich, wie ich Fred Frith vor der Mühle Hunziken beim Ausladen seiner Instrumente half oder wie ich mich im März 1983 mit einer mich selber überraschenden Dreistigkeit in die Garderobe des Gun Club log: Ich sei Reporter der Berner Tageszeitung »Der Bund« (was ich erst drei Jahre später wurde). Offenbar fiel niemandem auf, dass ich das lange Gespräch mit Jeffrey Lee Pierce weder aufnahm noch seine Antworten mitschrieb …

Man wird den Pop-Besessenen nur selten auf Kommando rhythmisch klatschen hören, Mitsingspiele sind ihm ein Greuel, und das Rauchen hat er aufgegeben, um nie in Versuchung zu kommen, während eines Konzertes sein Feuerzeug anzuzünden. Konzert bedeutet, ob er nun ruhig im Saal steht oder wild herumhüpft, Genuss und Hingabe, und am liebsten schaltet er den Verstand aus (weshalb er auch nur ungern Kritiken schreibt). Außerdem beherrscht er die Kunst des Wegdenkens: Tausend Mitmenschen können um ihn herum toben – er schafft es mühelos, sie aus seinem Bewusstsein zu löschen, bis er sich ganz allein mit dem Idol wähnt.

Ebenso erfolgreich verdrängt er, dass ein Musiker im Scheinwerferlicht das Publikum gar nicht sieht: Noch heute bin ich überzeugt, dass PJ Harvey, unwiderstehlich im knappen roten Rock und den silbernen Stöckelschuhen, mir im Mai 1991 ein ganzes Konzert lang so tief in die Augen geschaut hat, dass es mir heiß und kalt den Rücken runterlief. Dass der Comic-Zeichner Chrigel Farner, der an jenem Abend neben mir stand, nach dem Konzert schwärmerisch dasselbe behauptete, weist ihn als Lügner und eingebildeten Fatzke aus! Polly Jean Harvey schielt nicht!

Noch bedeutsamer aber waren die Botschaften, die die Helden meiner Jugend an mich richteten. Dass Iggy Pop mir im Mai 1980 ein Stück seines zerbrochenen Mikrofonständers zuwarf, war zwar wunderbar und besiegelte unsere Freundschaft – weit prägender war aber die Liveversion von »I Need More«. – »Yeah!« brüllte ich, atemlos vom Pogen, mir zu, »ich auch!« Ebenso klar war, was er mir im Winter 1986 zu verstehen gab, als er nach »China Girl« gleich »The Passenger« intonierte: Er hieß mich, dem asiatischen Mädchen, an das ich kurz zuvor mein Herz verschenkt hatte, nachzureisen – er war ja mit einer Japanerin verheiratet und konnte meine Gefühle bestens nachvollziehen. (Dass ich seiner Aufforderung doch keine Folge leistete, ist eine andere Geschichte.)

Insbesondere in schwierigen oder diffusen Phasen ist der Pop-Besessene auf diese Lebenshilfe angewiesen. Von meinem alten Vertrauten Nick Cave etwa habe ich nicht nur auf Platten immer wieder Antworten auf existenzielle Fragen erhofft, sondern auch auf Konzerten. Einmal war ich unsicher bis schief in das Mädchen verliebt, das, vermutlich ohne meine Gefühle zu ahnen, neben mir stand. Verwirrt war ich und bedrückt, und nur eines wusste ich mit Sicherheit: Dieses Konzert wird wunderschön. Es wird leidenschaftlich, tief und melancholisch, und ich werde weinen. Und zwar werde ich – das wusste ich bereits, als noch die Vorband The Cruel Sea auf der Bühne stand – während »The Good Son« in Tränen ausbrechen, in jenem kurzen Augenblick schwerelosen Schwebens, in welchem sich die während der langen Strophe aufgebaute Spannung im harmonischen Pathos des Refrains auflöst. Ich werde weinen, Nick Cave wird mich trösten, und alles wird besser und klarer sein.

Das Konzert war wunderschön, leidenschaftlich, tief und melancholisch. Dann der große Moment. »The Good Son«. Ich bereitete mich vor. Meine Schwermut drückte auf die Tränendrüsen. Die Bad Seeds bauten die Spannung auf – »The good son has sat« – Nick Cave beugte sich nach vorne, sein Blick suchte mich – »and often wept« – er starrte mich an – »beneath a malign star« – so ist es – »by which he's kept« – ich bin bereit, Nick, ich kann jederzeit losheul –

Just im Moment des Übergangs, den normalerweise keine Band so intuitiv beherrscht wie die Bad Seeds, fallen die fünf Musiker aus dem Rhythmus. Spielen aneinander vorbei. Starren sich hilflos an. Spielen weiter. Suchen sich. Und lassen mich und meine Tränen im luftleeren Raum hängen.

Die Magie verpufft, und als sich die Bad Seeds wieder gefunden haben, bin ich längst auf dem Boden der Wirklichkeit aufgeprallt. Keine Tränen. Keine Erlösung. Ich fühle mich allein. Und Nick? Hat er mich verarscht? Oder will er mir bedeuten, dass es sich wegen ihr nicht lohnt, eine andere Beziehung aufs Spiel zu setzen?

Ich spüre dein spöttisches Schmunzeln, lieber Leser, liebe Leserin, über die egozentrische Vermessenheit des Pop-Besessenen. Natürlich hatte auch ich schon früher bisweilen den Verdacht, diese Zwiegespräche mit Musikern seien in Wahrheit Monologe – auch wenn mich immer wieder Vorkommnisse (s. oben) in meinem Glauben an eine persönliche Kommunikation bestärkten. Ist das so schlimm? So lächerlich? – Ich meine, es soll Menschen geben, die überzeugt sind, dass Priester und Politiker den Dialog mit ihnen suchen und sich um ihre Probleme kümmern. Sind diese Menschen etwa vernünftiger? Besser dran? – Hat der Pop-Besessene nicht zumindest den besseren Soundtrack für sein Leben?

Das Aufwachsen in einer Provinzstadt wie Bern gereicht der Besessenheit für Pop-Konzerte weniger zum Nachteil, als man denkt. Da die meisten großen Konzerte anderswo – in Zürich, Genf, später auch in Freiburg, manchmal sogar in Biel (The Fall, Februar 1983) – über die Bühne gingen, wählte ich, allein schon aus finanziellen Gründen, nur diejenigen aus, die ich unter keinen Umständen verpassen durfte. Ein Konzertbesuch war kein selbstverständliches Ereignis, an das ich eben mal so nach dem Abendessen am Familientisch eilen konnte – er war eine Wallfahrt, auf die ich mich lange vorher schon innerlich vorbereitet hatte. Und mindestens ein Nachmittag Schuleschwänzen gehörte dazu, und sei es auch nur, um mich durch die Plattenläden von Zürich bzw. Genf zu wühlen.

Deshalb verschwendete ich am 6. Mai 1980 keinen Gedanken daran, wie ich das Schulhaus möglichst unauffällig verlassen könnte. Arm in Arm schlenderte ich mit meinem Schatz – sie wollte mich zur Straßenbahn begleiten – an den Fenstern des Klassenzimmers vorbei und erkannte plötzlich, aber zu spät, dass Herr C. mich unmöglich übersehen konnte. Zwei Sekunden Panik. Dann das stolze Gefühl von Coolness und rebellischer Überlegenheit: In wenigen Stunden würde ich mit Iggy Pop »I need more than an ordinary grind« singen, und nichts und niemand würde

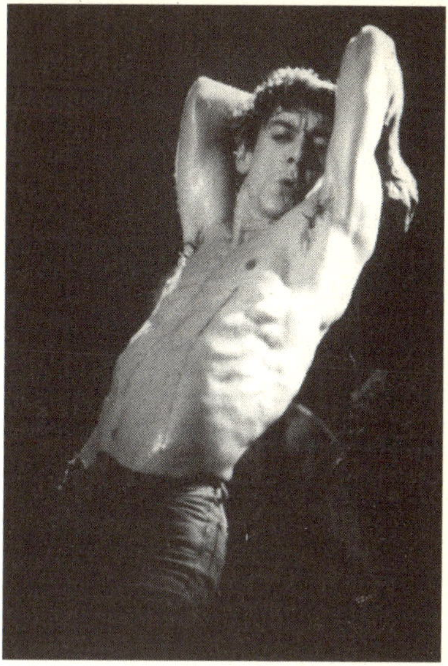

Iggy Pop, live in Paris, 1986
Foto: Antoine Rocher

mich davon abhalten – und ich nahm mir die Muße, Regula vor den Augen von Herrn C. und meiner Klassenkameraden mit provokativer Innigkeit zu küssen. Das ist das wahre Leben! »My life's been going allright up til' now!« Beneidet mich ruhig, ihr Streber! Iggy Pop ist allemal wichtiger als eine Stunde Wahrscheinlichkeitsrechnung! Und hat Iggy mir nicht wesentlich mehr auf meinen Lebensweg mitgegeben als Herr C.? – Eben!

Anderthalb Monate später, vor dem Devo-Konzert, machte mir ein Italiener, der Iggy Pop kurz nach dem Zürcher Konzert in Bologna gesehen hatte, ohne es zu ahnen auf brutale Weise klar, dass ich noch lange üben musste, um wirklich cool zu sein (wobei ich auf dem Weg dahin begriff, wie langweilig Coolness eigentlich ist und meine Bemühungen einstellte). Der Grund? Weil auf »Soldier«, Iggys Album zur Tour, der einstige Sex-Pistols-Bassist Glen Matlock mitspielte, hofften Pfifu und ich, dass er auch live dabei wäre. Und so kreischten wir um die Wette, als der Bassist die Bühne enterte – »Glen Matlock! Yeah!« – und ließen uns nicht davon beirren, dass er, ein muskelbepacktes Tier, nur wenig mit dem Hänfling auf alten Sex-Pistols-Fotos gemein hatte – »yeah! Mat-Lock! Mat-Lock! yeah!«

Diese Episode blinden Fantums hatte ich schon mehr oder weniger verdrängt, als mein neuer italienischer Freund und ich in Erinnerungen an Iggy Pop schwelgten. Das Lustigste sei gewesen, bemerkte er plötzlich, dass der Bassist ein Schild mit der Aufschrift »I'm not Glen Matlock« um den Hals getragen habe, obschon doch jedes Kind sah, dass er nicht … – »hahaha«, unterbrach ich meinen neuen Freund, »wirklich molto comico«, und grinste – vermutlich etwas verkrampft – mit ihm um die Wette, »hahaha, unglaublich!«

Residents, diverse Memorabilien aus dem Christian-Gasser-Archiv

Warum nur bin ich auch 19 Jahre danach nicht in der Lage, dieses Detail zu vergessen? Mein Dasein wäre wesentlich entspannter und glücklicher. Und vor allem: Warum verschweige ich es nicht wenigstens hier?

Die großen Konzerte strukturieren das Leben des Pop-Besessenen und sind neben Geburts-, Hochzeits- und sonstigen Gedenk- und Feiertagen Teil seines persönlichen Kalenders. So weiß ich, ohne es nachschlagen zu müssen, dass ich für die »Mole Show« der Residents zuerst am 7. Juni 1983 nach Paris in den feudalen Chansontempel Olympia pilgerte (weil es mir ein persönliches Bedürfnis war, dieser mir damals besonders wichtigen Gruppe mit einer langen und mühevollen Reise meine Ehrerbietung zu erweisen) und ihnen zwei Tage später nach Zürich nachfolgte, und dass ich ihre »13th Anniversary Show« genau einen Monat vor meinem 23. Geburtstag, am 29. Oktober 1986 in Paris feierte (und deswegen ein paar Wochen früher als geplant an die Seine umzog).

Der 15. November 1986: Ich lerne Antoine kennen. Der Dienstag, 6. Mai 1980 ist so eng mit Iggy Pop verbunden, dass ich, als die DRS3-Moderatorin Suzanne Zahnd exakt vier Jahre später ihre Sendung mit »Lust for Life« begann und behauptete, das heutige »Sounds!« könne sie einfach nicht anders beginnen, dies als Anspielung auf das Konzert verstand und innerhalb von Sekunden zum bedingungslosen Suzanne-Zahnd-Fan wurde. Jahre später, wir waren schon lange Kollegen, sprach ich Suzanne darauf an. Sie lachte mich aus: Das habe sie vermutlich auf die Nacht zuvor bezogen und nicht auf ein so altes Konzert. Komischerweise begann ich da nicht an ihr zu zweifeln, sondern an mir – warum zum Teufel sind mir diese Daten so wichtig?

Deswegen breche ich meinen persönlichen Kalender hier lieber ab (nicht ohne mich zu fragen, ob die Tränenseligkeit, in welche mich Calexico, verstärkt von den schmetternden Trompeten und schmachtenden Violinen der Mariachis Luz de Luna, mit ihrem sentimentalen Prärie-Ambiente versetzt haben, ausreichen wird, um den 18. Mai 2000 auch längerfristig in meinem Pop-Curriculum zu etablieren) und schließe mit dem Verweis auf den 17. Oktober 1990. An diesen Abend erinnere ich mich, weil ich ein Konzert, auf das ich mich monatelang gefreut hatte, nicht besucht habe und dies bis heute nicht bereue. Statt den spröden Hardcore von Fugazi genoss ich eine Nacht in einem fremden Bett. Ich hatte die Liebesnacht mit dieser Freundin (der ich kurz zuvor auf einem Young-Gods-Konzert, in das ich sie eingeladen hatte, sehr nahe gekommen war) geradezu professionell geplant und hieb- und stichfeste Alibis vorbereitet – unter anderem in Form eines »Bund«-Artikels, in welchem ich das Konzert als das Ereignis der Saison anpries –, sodass meiner Liebsten die Vorstellung, ich könnte diesen Gig verpassen, völlig abwegig erschienen wäre.

Paris, Herbst 1987: Leider aber konnte es auch an diesem Abend nicht zum Happy End mit einer Frau kommen, mit der ich nicht ins Konzert hingegangen war: Kaum hatten Hüsker Dü, die nach Sonic Youth wirkten wie ein behäbiges Rentner-Trio, die Bühne des Elysée Montmartre betreten, musste ich, wie es mir ja von Anfang an klar gewesen war (was wiederum meinem Buhlen um die Gunst der schönen Sängerin eine Aura hoffnungslosen Pathos' verlieh), Mona, Bier und Gitarren verlassen und zum Bahnhof eilen. An sich kein Problem, schließlich freute ich mich auf das erste gemeinsame Wochenende seit langem mit Sylvie.

Die Probleme begannen in der Gare de Lyon. Der Zug hatte Verspätung. Eine Stunde. Die Bahnhofskneipen waren geschlossen. Zwei Stunden. Ich konnte meinen Alkoholpegel nicht stabilisieren. Drei Stunden. Rausch und Euphorie verdunsteten, und als der TGV endlich einfuhr, war ich halb ausgenüchtert, tierisch schlecht gelaunt (Hüsker Dü und – vielleicht – mehr verpasst) und schwang eine ekelerregende Fahne vor mich her. Das Wochenende begann schlecht. Sehr schlecht.

13

Hohe Treue und schnarrende Bässe

Alle paar Wochen, wenn der Verstärker mal wieder nicht so recht will und nur der linke Kanal erklingt, kränklich knisternd und knackend, und der rechte Lautsprecher erst nach entschlossenem Drehen an diversen Verstärkerreglern wiedererwacht, drängt sich die Frage auf, ob ich nicht endlich eine neue Stereoanlage anschaffen müsste. Und bei der Gelegenheit, sinniere ich dann weiter, könnte ich mir auch vergoldete Lautsprecherkabel leisten, die den Sound, wie jeder kleine Junge weiß, besonders gut leiten.

Würde diese technologische Aufrüstung meiner Pop-Begeisterung nicht eine quasi wissenschaftliche Legitimation verleihen? Etwas geradezu Erwachsenes, ja Männliches? Könnte ich damit meine Vorlieben gleichaltrigen Herren gegenüber, die sich mehr für protzige Anlagen als für neue Platten interessieren, nicht besser begründen? »Hörst du diesen weich und warm wummernden Bass?«, könnte ich beiläufig fragen, wenn ich Airs »La femme d'argent« auflege, »spürst du, wie meine Goldkabel und der Advanced Pulse Digital Filter diesen Bass besonders warm und weich zum Wummern bringen?, etc.«

Würden mir solche Argumente nicht mehr Respekt einbringen als meine unartikulierten Schwärmereien: »Jon

Spencer Blues Explosion ist geil! Aber Royal Trux sind fast noch supergeiler!!!«

Es gab eine kurze Phase in meinem Leben, in welcher ich mich mindestens so oft in Hi-Fi-Geschäften wie in Plattenläden herumtrieb und mit der gleichen Hingabe Panasonic-Prospekte und Klirrgrade, Gesamtfrequenzgänge (ohne Dolby), 4-Ohm-Sinusausgangsleistungen, Eingangsimpedanzen und Übersprechdämpfungen studierte wie Musikexpress und Sounds. Das war in den Monaten vor meiner Konfirmation, dem Feiertag im Leben des heranwachsenden Protestanten, für den er sich von seinen Patinnen und Paten besonders viel wünschen darf, bedeutet doch die Konfirmation für diese in erster Linie die Entlassung aus der Gabenpflicht.

Ich forderte Geld. Mein zweiter Sanyo genügte trotz eines angeschlossenen Autolautsprechers meinen Ansprüchen nicht mehr, meine Platten (bereits 25 Stück!) wurden immer ungeeigneter für das elterliche Wohnzimmer, und ich fand es unbefriedigend, meine Platten, um sie in meinem Zimmer zu hören, erst auf Kassetten überspielen zu müssen. Kurz: Als Zeichen meiner Emanzipation und Unabhängigkeit brauchte ich eine eigene Stereoanlage. In meinem Zimmer. Und dafür benötigte ich Geld. Viel Geld.

Nach gründlichem Studium entschloss ich mich für Marantz. Marantz sah zwar nicht sonderlich elegant, dafür aber solide aus und weniger charakterlos als die für meinen Geschmack zu weit verbreiteten Technics, Sony oder Pioneer. Den Ausschlag gab aber der Dealer selber, der besessen genug wirkte, um absolut vertrauenswürdig zu sein: Überzeugt, die beste Marke der Welt zu vertreten, hatte er es nicht nötig, sich dem Kunden anzubiedern – er gab mir vielmehr zu spüren, Marantz-Besitzer zu sein, sei eine exklusive Ehre.

Kaum war das Konfirmationsmahl verdaut, steckte ich Konfirmationsgeld und Erspartes ein und zwang meine Mutter, mich in die Stadt zu fahren. Für 590 Franken kaufte ich den Marantz-Verstärker 1090, 690 Franken kostete das Tapedeck (Marantz 5010); bei Eschenmoser erstand ich – zum Aktionspreis von nur 300 Franken! – den Thorens TD 160 MKII (inkl. Tonabnehmer). Weil das Geld knapp wurde, knauserte ich an den Boxen und begnügte mich mit den Migrostöpfen MEL 180 zum Stückpreis von 180 Franken. (Nein, die Quittungen habe ich nicht aufbewahrt. Ja, diese Preise weiß ich bis heute auswendig. Nein, das ist keineswegs erstaunlich – immerhin war der Tag, an dem ich meine Anlage kaufte, einer der wichtigsten und schönsten Tage meines Lebens.)

Das Installieren der Anlage, das Kabelgewirr, meine Nervosität, die fehlenden Stecker, das Problem mit rot und schwarz, meine Wutanfälle und die wohlwollende Ironie meiner Sippschaft etc. erspare ich dir, lieber Leser, liebe Leserin. Aber irgendwann hatte ich es geschafft, und als ich – in der Gegenwart meiner Eltern und meiner kleinen Schwester – die erste Platte auflegte, durchfuhr mich ein unbeschreibliches Gefühl von Glück, Triumph und Ekstase.

Die Musik hörte sich nun ganz anders an. Und wie! – Was? Was sagst du, Vater? Nein! Ist sie nicht! Nein! Doch! Natürlich muss sie so laut sein! Aber sicher! Das kannst du ja nicht verstehen, tut mir Leid, du hast ja keine Ahnung! Was? Ach! Lass mich in Ruhe. Das ist *mein* Zimmer!

Die Stereoanlage ist die engste Vertraute des Pop-Besessenen. Ich kann sie nicht belügen, ich kann ihr nichts vormachen, ich habe kein Geheimnis vor ihr. Seit über 21 Jahren weiß mein Marantz 1090, was für Musik ich höre.

Stellt euch vor, an eure Anlage wäre ein Computer angeschlossen, der alles – Interpreten und Songs und auch: Produzenten, Plattenfirmen, Entstehungsjahr, aber auch: Stil, Tempo, Härtefaktor bzw. Sanftheitsgrad, Rhythmus, dominierende Instrumente … und natürlich auch: Wochentage, Uhrzeit und Lautstärke – registrieren und auswerten würde. Könnte er nicht besser als das komplexeste Biorhythmus-Messgerät und der erfahrenste Psychologe

Zeichnung: Noyau

Auskunft geben über eure Persönlichkeit, über langfristige Veränderungen und kurzfristige Schwankungen, könnte er nicht sogar Prognosen wagen über mittelfristige Entwicklungen? Wie nützlich wäre ein derartiges Computerprogramm gerade für Eltern! Womöglich würde dieses Programm sogar das Mysterium meines in meinen Ohren bisweilen geradezu beängstigend eklektischen Musikgeschmacks entschlüsseln – führt ein wie auch immer gearteter roter Faden durch diese Vielfalt, oder sind meine Achterbahnfahrten durch Zeit, Raum und Stile lediglich der Ausdruck einer auf pathologische Weise multiplen Persönlichkeit?

Inwieweit ich aber den Dialog mit meiner Anlage suchen und ob ich ihr das Recht auf Kommentare einräumen würde, bin ich mir – aus Furcht vor sarkastischen Sticheleien – noch unschlüssig. Wie hätte sie etwa auf Tom Jones' »Sex Bomb« reagiert, einen meiner Dauerbrenner im Frühjahr 2000?

Heute, nach 21 Jahren treuer Dienste, hat der Verstärker doch etwas an Frische und Kraft verloren, und immer wieder fällt ein Kanal aus; das Tapedeck leide unter Schwankungen, monierte ein Freund, dem ich Lee Scratch Perry aufgenommen habe (was vermutlich an Perry liegt und nicht am 5010), und der Plattenspieler schraubt sich nur mit Müh und Not auf 45rpm, was wegen meiner aufrichtigen Zuneigung für kleine und große Singles eher lästig ist und dazu führt, dass ich weniger Vinyl höre, als ich eigentlich möchte. (Ein anderer Grund dafür ist, dass der Plattenspieler eine besonders praktische Ablagefläche für CDs ist. Das hat, bin ich überzeugt, den blitzkriegmäßigen Siegeszug der Silberscheibe beschleunigt – nicht zuletzt, weil viele von uns irgendwann CDs zu kaufen begannen, die sie bereits auf LP hatten, aus Bequemlichkeit aber kaum mehr auflegten.)

Von dem Tag an, wo ich meine Anlage installiert hatte, schwand mein Interesse an Ohms und Impedanzen jedenfalls so plötzlich, wie es aufgetaucht war, und ich kehrte wieder in die Plattenläden zurück. Bis heute locken mich selbst die esoterischsten Theorien über Goldkabel nicht aus der Reserve. Der High-End-Soundwelt am nächsten komme ich mit meinem CD-Player, der beeindruckenderweise über einen »Advanced Pulse D/A Converter – variable coefficient digital filter« verfügt, was auch immer das ist. Außerdem gab's dazu eine Fernbedienung, mit der ich das CD-Fach vom Schreibtisch aus öffnen und schließen kann. Das fand ich anfänglich sehr amüsant – ziip/clac, ziip/clac, ziip/clac … – bis mir klar wurde, dass meine mentalen Kräfte noch immer nicht ausreichen, eine CD zu überzeugen, von selbst ins Gerät zu schweben. Ziip/clac.

Viele Männer verstehen nicht, warum eine derart altersschwache Anlage bei mir herumsteht. Für Jungs ist die Hardware nicht selten ebenso wichtig wie die Software –

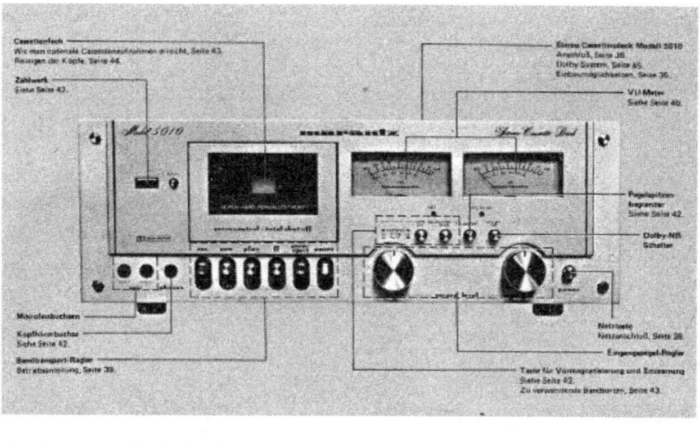

Der Marantz 5010, Bedienungsanleitung

nur sie taugt zum Statussymbol. Anders die Frauen: Ich vermute, sie finden es eher sympathisch, womöglich sogar süß. Die Kombination pop- *und* technologiebesessen wäre abschreckend, während sich nur eins von beidem in den Griff kriegen lässt (denken sie). Und: Ist meine alte Anlage nicht ein schöner Beweis für meine Treue?

Ich hätte also Gründe genug für eine Expedition in den Unterhaltungselektronikdschungel. Aber ich schaffe es nicht: Ich bringe es nicht übers Herz, mich nach 21 Jahren einer so intensiven Beziehung von meiner Stereoanlage zu trennen. Außerdem ist es im Zeitalter des entfesselten Kapitalismus mein Bekenntnis zu einem sozialeren Umgang miteinander. Warum jemanden frühzeitig in Rente entlassen, wenn er seine Aufgabe immer noch erfüllt? Gewiss wäre eine junge Anlage dynamischer, gewiss klängen teure Geräte besser – aber sind das Argumente genug, um meine Marantz und Thorens einfach wegzurationalisieren? Viele Freunde finden: »Ja, das sind Argumente genug.« Sie sagen: »Nach 20 Jahren verdient eine Anlage den Ruhestand.« Sie beschuldigen mich ausbeuterischer Greisenarbeit. Sie sagen auch, ich solle endlich der Jugend eine Chance geben, und sie fragen nicht zu Unrecht: »Und was ist mit den Arbeitsplätzen?«

Aber ich weiß: Arbeitnehmer, die ihre Berufung lieben, wollen nicht in Rente gehen. Das gilt auch für meine Anlage – denn sie, das spüre ich, liebt dieselbe Musik wie ich. Sonst hätte sie längst den Geist aufgegeben.

Bei aller Treue zu meiner Uranlage habe ich meine Boxen inzwischen zweimal ersetzen müssen. Die MEL 180 fielen im November 1991 Soundgardens »Badmotorfinger« zum Opfer. Diese Platte hat mein Leben in mehrfacher Hinsicht geprägt. Zum einen hat sie mich von meinen doch eher schwachbrüstigen Boxen erlöst, und zum anderen habe ich mir die Haare wachsen lassen, weil ich einfach wissen musste, wie es sich anfühlt, zu Soundgardens dunklem und schwerem Schweinerock die »Matte« zu schütteln. (Saugut.)

Pop hatte für mich nie ausgesprochen viel mit Mode zu tun. Als 14-jähriger Jüngling, der sich Platten von den Sex Pistols und den Stranglers kaufte, fehlte mir der Mut, mich auch äußerlich zum Punk zu bekennen. Das war im provinziellen Bern auch nicht nötig – man konnte Punk sein, ohne auszusehen wie eine Postkarte aus London. (Man brauchte auch keinen Hund und nicht in Fußgängerzonen zu betteln.) Außerdem gewährte ich meiner Mutter noch lange das Privileg, meine Kleider zu kaufen, da ich mein Taschengeld lieber in Platten als in die dazu passende Kluft investierte.

Vermutlich mangelte es mir an Selbstsicherheit für ein extravagantes Outfit. Überzeugt, niemand würde einen ausgesprochen modischen Haarschnitt an mir ernst nehmen, begnügte ich mich mit einer langen Strähne vor den Augen und bleichte sie mit Wasserstoffperoxid, das ich, um mein Plattenbudget zu schonen, lieber im Chemieunterricht zweckentfremdete, als es in der Drogerie zu kaufen. Ich war lieber unauffällig als lächerlich, ich bewunderte die Residents, die ihre Anonymität schützten, indem sie sich große Augäpfel über den Kopf stülpten, und manchmal wünschte ich mir sogar eine Tarnkappe – aber das war vor allem, um unsichtbar in Plattenläden Platten, naja, mitnehmen zu können. (Meine anderen Teenie-Wunschfantasien: Ich gewinne einen Wettbewerb und darf im Plattenladen meiner Wahl sieben Minuten lang so viele LPs aus den Gestellen nehmen, wie ich nur kann. Oder: Ich entreiße das Mädchen meiner Träume den Fängen fieser Kidnapper, und sie verliebt sich in mich. Oder: Ich komme mitten in der

Nacht an einem Plattenladen vorbei und merke, dass er nicht abgeschlossen ist.)

Aber für Soundgarden ließ ich mir die Haare sehr lang wachsen und kaufte in einer Brockenstube große, potente und durchaus statussymboltaugliche JBL-Boxen (500 Franken). Sechs Jahre danach kamen Daft Punk, und wenig später wunderte ich mich über den neuesten Trend in der zeitgenössischen Tanzmusik – warum schnarren die Bässe plötzlich so verzerrt? Vor allem auf dem linken Kanal? – Als dann selbst Janet Jacksons »Velvet Rope« und Björks »Homogenic« so giftig knatterten, untersuchte ich den Lautsprecher: Daft Punk hatten ein handtellergroßes Stück Basstöner rausgehämmert.

Es dauerte aber noch einige Monate, ehe ich mich zum Besuch des nächstgelegenen Hi-Fi-Fachgeschäftes durchrang. Ein guter Freund bemühte sich, mir die Angst vor diesem Gang zu nehmen, indem er mir versicherte, es sei alles halb so schlimm, man gewöhne sich an alle Boxen. Da hat er wohl nicht ganz Unrecht – ich hatte ja

Boxenkiller 1: Soundgarden, »Badmotorfinger« CD-Cover, A&M Records

Boxenkiller 2: Daft Punk, »Homework«, CD-Cover, Virgin Records

bereits begonnen, mich mit dem wüsten Schnarren anzufreunden.

Um die Lautsprecher zu vergleichen, hatte ich ein paar CDs eingesteckt, die dem Spektrum meiner damaligen Vorlieben entsprachen und meiner Ansicht nach auch soundtechnisch boxentesttauglich waren – Monster Magnet, Photek, Tortoise, Stereolab, Aphex Twin, Janet Jackson, Air und natürlich Daft Punk (für den Resistenztest). Ich hatte mich also, um nicht für einen Snob gehalten zu werden, bemüht, nichts wirklich Obskures, Exotisches oder Schräges mitzubringen, und ich war überzeugt, der Verkäufer und ich würden, sobald der weiche und warme Bass in Airs »La femme d'argent« erklänge, ganz selbstverständlich über die Musik fachsimpeln. »Wunderbar, wie dieses weiche und warme Wummern weite Räume öffnet und einen gleichzeitig aber kraft seiner Referenzialität zurück in die Seventies führt!« dachte ich die Konversation zu eröffnen, worauf er nickend einen Fachbegriff oder zwei einflechten sollte. »Ihr Debütalbum ›Moon Safari‹ ist dermaßen glatt und clean und auf seine Art so vollkommen«, wollte ich weiterfahren, »dass es ebenso unwiderstehlich wie unausstehlich ist.« – Zustimmend murmelnd hätte er den Advanced Coefficient Digital D/A Pulse feingetunt. »Trotzdem kann ich nicht anders, als mich wieder und wieder verführen zu lassen von dieser geradezu unerträglichen Eleganz und diesem unverschämten Stilbewusstsein ...« etc. – ein ganz normales Gespräch zwischen Musikfreunden also hoffte ich zu führen und aus dem Boxentest ein musikalisches Vergnügen zu machen, bei dem wir anschließend zu Monster Magnet mit leicht selbstironischer Lässigkeit unsere imaginären »Matten« und zu Janet Jackson dezent die Hüften geschwungen hätten ...

Mitnichten. Der Schnösel stand stocksteif neben mir und – hörte nicht zu! Spürte den Bass nicht! Schlimmer noch: »Hören Sie sich das mal an«, sagte er unvermittelt und machte sich am CD-Player zu schaffen, »*diesen* Sound! diese *Dynamik*! « und plötzlich war der Vorführraum erfüllt vom verkrampften Hämmern eines Jazzschulschlagzeug-

Air, »Moon Safari«, CD-Cover, Source Records

fachklasse-Absolventen. Die Augen des Verkäufers leuchteten auf, und ich fühlte mich unverstanden und einsam. Der Pop-Besessene und der goldkabelhörige High-End-Fetischist haben wenig gemeinsam. Der eine hört Musik, der andere Sound.

Ernüchtert trollte ich mich mit einem Paar nicht gerade billiger, aber kleiner (also nicht statussymbolverdächtiger) Boxen davon, die eigentlich viel zu gut sind für meinen alten Marantz. Dem halte ich aber die Treue – solange ich mit ihm Musik hören kann.

14

Von Punkaharju nach Rock in Rio

Finnland, Sommer 1981:

Der Zug hielt nicht in Punkaharju, er rollte gemächlich weiter und ließ mir Zeit, das prächtige Stationsschild gebührend zu bestaunen. Punkaharju.

Zurück in der Schweiz nervte ich alle mit dem verwackelten Foto des Stationshäuschens und schwärmte – »stell dir nur vor, ich war in einem Kaff namens Punkaharju, Punk-a-har-ju!« – , als hätte ich einen kaum weniger mythischen Ort als Mumintal oder Bullerbü entdeckt. Was ich verschwieg: Zum einen hatte ich Punkaharju gar nicht betreten, und zum anderen verbindet mich mit Punkaharju ein unauslöschliches Trauma – in Punkaharju habe ich die Undertones verpasst, um zwei oder drei Tage.

Und das kam so: In Helsinki grinsten mich die Undertones fröhlich von riesigen Plakaten an. Meine »Teenage Kicks« live! Super! jauchzte ich, »More Songs About Chocolate And Girls« im Punkaharju – was für ein scharfer Name für ein Konzertlokal! Verzückt strahlend fragte ich im nächsten Plattenladen nach der Adresse vom Punkaharju. »Wovon?« – »Na, von diesem Club, wo die Undertones spielen …« – Der Typ im Clash-T-Shirt grinste. »Club?« Es war kein herablassendes, kein spöttisches Grinsen, es

Punkaharju, aus dem fahrenden Zug, Juli 1981

war ein finnisches Lächeln, trocken und sympathisch. Dennoch kam ich mir im ersten Moment sehr sehr dumm vor. Und vom zweiten Moment an war ich betrübt, sehr betrübt und niedergeschlagen.

Die vier Wochen Interrail durch Skandinavien haben sich in mir eingeprägt als eine Sammlung postkartenkompatibler Naturimpressionen und verpasster Konzerte – in Kopenhagen hatte ich James Blood Ulmer knapp verfehlt –, und dass ich ein paar Tage zu spät durch Punkaharju tuckerte und wenigstens den Bahnhof fotografieren konnte, war ein schwacher Trost.

Vom Sommer 1984 an wurden Reisen immer wichtiger, fast ebenso wichtig wie die Musik, doch da sich beides prächtig miteinander verbinden lässt, kam es nie zu einem Interessenkonflikt. Musik ist schließlich allgegenwärtig, Pop auf der ganzen Welt ein beliebtes Gesprächsthema, und am Anfang einer innigen Freundschaft steht nicht selten ein Bandname oder das richtige Band-T-Shirt – für uns Menschen ist der Austausch von trivialem Popwissen gleich bedeutend wie das sich Beschnüffeln in der Hundewelt.

Manchmal frage ich mich, was mich damals aus dem behaglichen Berner Kokon in die große weite Welt trieb: An allzu viele zu Aufbruch und Bewegung ermunternde Lieder erinnere ich mich, mal abgesehen von Pere Ubus »Go« (auf »The Art of Walking«), Fred Friths eigenwilliger Exotica auf »Gravity« und natürlich Yellos »The Great Mission« (»What are you doing at the Amazonas near Manaus full of piranhas?«) beim besten Willen nicht – die meiste Musik, die ich in den frühen Achtzigerjahren hörte, hielt vielmehr zu Stillstand und Nabelschau an oder führte »on a road to nowhere« (Talking Heads). Selbst Alan Vegas »Collision Drive« auf dem Highway oder die »Einsames Motel am Highway in der vom Mondschein durchfluteten Prärie«-Songs eines Gun Club waren eher Metaphern für Befindlichkeitstrips als Roadballaden.

War es etwa der mir bis dato unbekannte Hippie in mir, der heimliche Canned-Heat- und Steppenwolf-Fan, der mich mit »heavy metal thunder« wieder und again »on the road« trieb? Oder hallten gar Status Quo nach? »Rockin' All Over The World?«

Nein! Nein! Und nochmals nein!

In den Jahren nach der Schließung des AJZ Reitschule im Frühjahr 1982 fühlte sich die Schweiz immer enger an, und als ich mich zaghaft aus dem düsteren Labyrinth meiner pubertären Depression hinauszutasten begann, kam ich mir vor wie Iggy Pop 25 Jahre zuvor: »And now I'm gonna be 21, and I didn't have a lot of fun«, paraphrasierte ich sein »1969«. Ich erwachte sozusagen zu einem neuen Leben, ich hatte einiges nachzuholen, ich war hungrig und gierig, ich brauchte Bewegung, und mir dämmerte, dass mir Berns reizvolle Altstadt nicht alles – vor allem nicht genügend Raum – bieten konnte (was dazu führte, dass ich im Herbst 1986 ganz aus meiner Geburtsstadt wegzog). Ich ahnte, dass der befreiende Schritt aus meiner »teenage angst« nur mit dem Schritt aus Berns Gassenlabyrinth zu schaffen war und ich nur losgelöst von meinem Umfeld herausfinden konnte, wer ich war und wohin ich wollte. Und warum nicht bei der Gelegenheit auch gleich andere Lebensweisen beobachten und musikalische Überraschungen erleben?

Und so brach ich, sobald sich genug Geld angesammelt hatte, auf, ganz der einsame Wanderer (»I roam around around around around around«, Gary Glitter), der geheimnisvolle »Stranger In The Night« und ungebundene Romantiker, den Wall of Voodoo in »Call Of The West« so treffend besungen haben: »got the high sign so jumped a bus/.../he'd start his whole life anew/and what he'd left behind hadn't valued/half as much as some things never knew.«

CSSR, August bis September 1984:

Meine Mutter war überzeugt, dass ich mich geradewegs in den Archipel Gulag begab, als ich an einem kühlen Augustmorgen im Jahr des echten Big Brother, einen Refrain von John Cale, »Let's go to Moscow!« (»Mercenaries«), im Ohr, die stundenlange Grenzkontrolle über mich ergehen ließ. Und plötzlich stand ich in Bratislava, und während ich mir von den Frieden und Freiheit, »mir« und »svoboda«, propagierenden Plakaten das Gehirn waschen ließ, belästigten mich plötzlich ernste Zweifel. Was mache ich eigentlich hier? Soll ich nicht besser mit dem nächsten Zug zurück in den Westen? Ich fühlte mich 2000 Lichtjahre von zu Hause entfernt – bis ich mich, zufälliger- und glücklicherweise, in eine Fußgängerunterführung verirrte: »Punk's Not Dead« prangte in bunten Lettern auf dem Beton, »Dead Kennedys« und »Exploited«.

 Bratislava, August 1984

In meinen Augen war Punk seit Jahren tot, und britische Nostalgiker wie Exploited und GBH hasste ich leidenschaftlich. Aber Punk als die Ursache von vielem, was mich inspirierte, war immer noch Teil meines Weltbilds, und ich liebte amerikanische Hardcore-Bands wie die Dead Kennedys, Black Flag und Hüsker Dü, die den Punk mit neuen Attitüden belebten. Deshalb fand ich es völlig richtig und sogar beruhigend, dass Leute anderswo, im Ostblock etwa oder in Lateinamerika, ihre Dissidenz mit Punk-Rock ausdrückten, wie es damals internationalistische Sampler wie »World Class Punk – 27 Bands, 25 Countries« dokumentierten. Auch hinter dem eisernen Vorhang ist also nicht alles völlig anders als in Bern, ich atmete auf, ein wohliges Gefühl von Vertrautheit erfüllte mich, und zuversichtlich setzte ich meine »Holidays In CSSR« fort.

Deshalb war ich auch nicht sonderlich überrascht, als mir ein paar Wochen später in einer Prager Bierhalle ein

Dne I. září I984 se pořádá rockový festival
PUNKS NOT DEAD
za učasti následujících skupin
I/ A-64
2/PLEXIS P.M.
3/MRTVÝ MIMINKA

Koncert začíná ve I3,00.
Sraz učastníků je ve I2,00 na stanici metra
ŽELIVSKÉHO
Prosíme nezahatujte tuto pozvánku a po ka certě
napište na vyznačené místo jméno skupiny která
se vám nejvíce líbila. Vstupné 20 Kčs

Punks Not Dead, Konzert-Flyer, Prag, September 1984

angetrunkener Punk nach einer Partie Bandnamen-Pingpong (er mochte z. B. Grauzones »Moskau«) von einem Punk-Festival erzählte. Mit genaueren Angaben wollte er aber nicht herausrücken, das dürfe er nicht, es sei geheim. Ich blieb hartnäckig, ich gab ihm ein Bier aus, ich insistierte, schließlich verriet er mir die Namen der drei auftretenden Bands. »A-64? Die spielen auch? Klasse!«, entgegnete ich mit geradezu professioneller Alleskennermiene, und der Umstand, dass mir A-64 (»World Class Punk« sei Dank) ein Begriff waren, verlieh mir die nötige Glaubwürdigkeit. Petr drückte mir einen auf einer Matritze gedruckten und wie weiland Matheprüfungsfragen ätzend nach Ammoniak stinkenden Flyer für das »rockovy festival Punks Not Dead« in die Hand.

Mann, war ich aufgeregt! Echter Underground in der echten sozialistischen Realität! A-64 – das war Punk unter anderen Vorzeichen als TNT! Davon würde ich noch meinen Kindern und Kindeskindern erzählen können! Alles war erfreulich konspirativ: Das Konzert sollte um 13 Uhr beginnen, der Ort wurde auf dem Flyer aber verschwiegen – Treffpunkt war um 12 Uhr in einer U-Bahn-Station. Wie kindisch kamen mir plötzlich unsere illegalen Bars vor!

Mit dem Gefühl, Protagonist eines Spionagethrillers zu sein, traf ich pünktlich in der Metrostation Zelivského ein. Sie war leer. Nach einigen Minuten steuerte eine punkähnliche Gestalt auf mich zu. Das Konzert fände nicht statt, erklärte mir der Typ in gebrochenem Englisch. Die Polizei sei am Vormittag eingefahren und habe alles und alle eingesackt.

Mich erstaunt, wie schlecht ich diese verpassten Konzerte (zu denen auch der Auftritt der schweizerischen Avantgarde-Formation Débile Menthol in Budapest, September oder Oktober 1984 gehört) vergessen kann. Was hat das zu bedeuten? War das Drama von Punkaharju ein Zeichen aus dem Pop-Olymp, dass ich in Finnland nicht den Undertones nachrennen, sondern mich besser um einheimische Bands kümmern sollte? Und wollte mir das tschechoslowakische Regime bedeuten, dass ich mich, um Land und Leute kennen zu lernen, gefälligst mit einheimischen Volksbräuchen auseinander setzen sollte und lieber den Militärspielen in den Parks lauschen, die, das räume ich gerne ein, viel flotter swingten als unsere, statt staatsfeindlichen, den dekadenten Westen nachäffenden und somit dem kapitalistischen Kulturimperialismus huldigenden Querulanten zuzuhören? Bin ich deshalb, um einen Kreis zu schließen, 19 Jahre später nach Finnland zurückgekehrt, um mich mit dem finnischen Tango zu beschäftigen? Was wiederum meine finnischen Freunde äußerst merkwürdig, ja geradezu unverständlich fanden, wo es doch so viele ausgezeichnete finnische Pop-Bands gibt.

Die Pop-Trivia wird oft belächelt. Zu Unrecht. Sie darf nicht unterschätzt werden. Für den Pop-Besessenen ist die Musik der Schlüssel zur Welt. In der Musik spiegelt sich ein Land in seiner ganzen Vielfalt und Komplexität wider. Die wirtschaftliche Situation in Kuba und die Konsequenzen der doppelten Währung (US-Dollar und Peso) für das Leben der Menschen begriff mein einfach gestricktes Gemüt nicht dank kluger Untersuchungen in der Fachpresse und nicht im Dollar-Supermarkt um die Ecke, sondern vor dem Palácio de la Salsa, wo mir für Los Van Van 25 Dollar abgeknöpft wurden. Das kann sich kein ehrlicher Kubaner leisten, fuhr mir durch den Kopf, Kubaner werden also aus den Konzerten ihrer Lieblingsbands ausgeschlossen, kombinierte ich weiter, und das bedeutet, folgerte ich immer empörter, nichts anders als: Da wird ein fundamentales Menschenrecht, der freie Zugang zur Musik, mit den Füßen getreten! Diese Erkenntnis – und der Umstand, dass ich, als die großen Van Van zum Tanz aufspielten, vor allem von Ausländern und ihren jungen kubanischen Begleiterinnen umgeben war – vergällte mir den Genuss des Konzerts, und in der Folge fühlte ich mich durch eine seltsame Form von Solidarität verpflichtet, solche Orte zu meiden. So oft wie möglich, jedenfalls.

Auch die osteuropäischen Länder, die ich bereiste, weil ich einfach mal sehen wollte, wie es sich hinter dem Eisernen Vorhang so lebte, erschlossen sich mir dank der Popkultur. In der CSSR öffnete mein Pop-Wissen Türen und Herzen; ich war ein Pop-Geheimagent, der James Bond des Pop sozusagen, dessen Mission es war, den Prager Underground mit Informationen (und später auch mit Musik) zu versorgen, und ich durfte nächtelang über Bands und Filme und Bücher schwadronieren, ohne dass mich jemand anherrschte, doch mal die Klappe zu halten. Ich gab, so viel ich konnte – aber das war wenig im Vergleich zu dem, was ich erhielt.

Egal, was mir die antikommunistische Propaganda des Kalten Krieges eingebläut hatte, egal was die sozialistischen Regimes in die Welt hinausposaunten – all das war nur Ideologie und Halbwahrheit und viel zu theoretisch. Erst anhand der Popmusik wurde die kulturelle, politische und wirtschaftliche Situation von gleichaltrigen und ähnlich interessierten Tschechen nachvollziehbar.

Dabei geriet ich in einen Zwiespalt. Einerseits verurteilte ich Zensur und Repression und wurde zum glühenden Fan von Prasky Vyber, der Band des Enfant Terrible (und späteren Parlamentariers) Michael Kocáb, deren Album »Vyber« – Eighties-Prog-Rock mit Punk-Energie und mehr-

Prag, August 1984

deutigen Texten in Tschechisch und Swahili – verboten war (und erst 1987 erschien). Andererseits aber bewunderte, ja beneidete ich die Tschechen um ihren Zusammenhalt: Das verbotene Album kursierte als »Samisdat« im Untergrund, alle hatten die Kassette, und alle kannten die Songs auswendig. Ähnliches geschah mit den Kassetten, die ich in der Folge Pavel schickte: Als ich anderthalb Jahre später zum Jahreswechsel nach Prag zurückkehrte, war ich erstaunt, ja enttäuscht, bei Pavel nur zwei meiner Kassetten zu sehen; ich fragte mich, ob er sie denn nicht möge. Dann besuchten wir andere Leute, und nicht ohne Stolz bemerkte ich, dass in allen Wohnungen Kassetten von mir herumlagen – ich begriff, dass Mix-Tapes aus dem kapitalistischen Westen im sozialistischen Osten nicht Privatbesitz sein durften, sondern mit möglichst vielen Leuten geteilt werden mussten.

Popmusik war nicht nur Konsum, Popmusik war wertvoll; Kultur ist zwar lebensnotwendig, aber in der CSSR war sie auch ein Luxusgut. Die Anstrengungen, den Erfindungsreichtum und die Besessenheit zu beobachten, kraft welcher sich meine tschechischen Freunde die Platten und

Bücher und Filme besorgten, die es offiziell nicht gab und die sie aber unbedingt wollten und brauchten, und festzustellen, wie viel sie trotz des schwierigen Zugangs zu Informationen wussten und verstanden, erfüllte mich mit (ich riskiere dieses Wort ohne jegliche Ironie:) Demut. Was nützt es, fragte ich mich, stolz auf mein neues, die Demokratie kritisch hinterfragendes politisches Bewusstsein, dass alles frei verfügbar ist, zu sein, wenn 99 % der Menschen dann doch das Gleiche wählen, Michael Jackson oder Phil Collins, und nicht, sagen wir mal, Alex Chilton, Captain Beefheart oder Jonathan Richman?

Aber ungeachtet meiner Bewunderung für das Prinzip vom »Anhören und Weitergeben« – selber verwirklicht habe ich es nie. Ich blieb trotz meiner realen Erfahrungen im Sozialismus ein Jünger des »Anhören, Aufnehmen, die Aufnahme weitergeben und das Original horten«-Kultes.

Brasilien, Dezember 1984 bis Februar 1985:

Eine Reise ist wie ein Song. Nach einem Intro, in welchem der Pop-Besessene sich von der Anreise, dem Jetlag, dem plötzlichen Kulissenwechsel erholt, sich umschaut und die Tonart wählt, stürzt er sich in die erste Strophe: Die Melodie trägt ihn mit, durch Rhythmusbrüche, Harmoniewechsel und Stimmungsschwankungen, der Text mag simpel wirken, ist aber von existenzieller Bedeutung, im Refrain werden die Erfahrungen auf das Wesentliche verdichtet, und die Reise endet mit einem Schlussakkord oder wird langsam gefadet.

»Hocknhiu?«, fragte der Taxifahrer und kurvte rassiger und virtuoser als Ayrton Senna durch den Abendverkehr.

»Hocknhiu?«, brüllte er gegen das Klappern seines VW-Käfers an, der jeden Moment auseinander zu brechen drohte. Hocknhiu? Was meinte er bloß mit Hocknhiu? Nach endlosen Minuten in stetiger Todesfurcht begriff ich, dass er wissen wollte, ob ich für »Rock in Rio«, das angeblich größte Rockfestival aller Zeiten, zum Zuckerhut gepilgert sei. »Não!«, brüllte ich zurück. Ein so geldgeiles Kommerzprogramm mit lauter langweiligen Superstars aus der ersten Welt! Kulturimperialistischer Scheiß! »Não!«, und schüttelte entschlossen den Kopf – geradezu beleidigt, dass er mir sowas zutraute.

Am Tag danach erwarb ich auf dem Schwarzmarkt ein Ticket für den Abend mit Gilberto Gil, dessen flotter Reggae »Vamos Fugir« der Tophit des brasilianischen Sommers war. Am Samstag nahm ich den Bus zum Gelände des großen Preises von Brasilien, legte mich auf die Wiese, und nach dem Genuss von ein bisschen brasilianischem Gras dämmerte ich weg. Zum ersten und bisher einzigen Mal an einem Konzert.

Einmal wachte ich kurz auf, ich hörte, wie der in einen weißen Smoking gewandete Gil dem internationalen Fernsehpublikum zuliebe eine unappetitliche Brühe aus Música Popular Brasileira und amerikanischem Mainstream anrichtete, und schlief weiter.

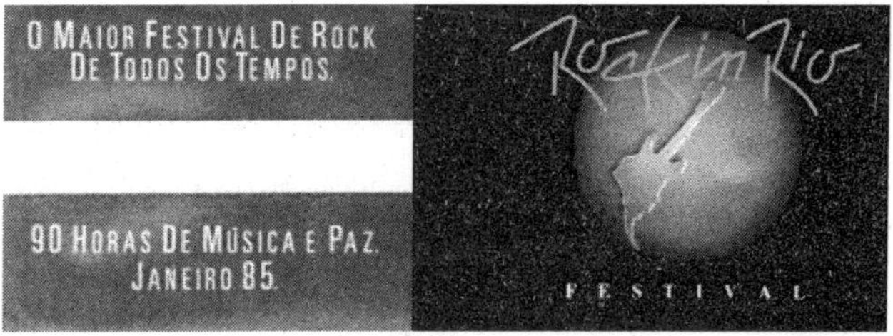

Rock in Rio, Konzertticket, Januar 1985

Ich war entsetzt. Offenbar hörten die Menschen auf der ganzen Welt dieselben Hits, die Scorpions und Stevie Wonder zum Beispiel, nur dass sie in Brasilien viel lauter aus immer gnadenlos überforderten Anlagen schepperten. Mit der Zeit aber entdeckte ich gewisse Vorteile der kulturellen Globalisierung: Wo auch immer ich mich befand – ich traf immer Menschen, die ähnliche Musik mochten, und fast noch schöner ist es, Gesinnungsgenossen zu treffen, die dieselben Bands hassen. Über U2 etwa lässt sich auf der ganzen Welt so wunderbar lästern, dass ich mich wirklich wundere, an wen sie ihre Platten überhaupt verscherbeln. Die gemeinsamen Referenzen förderten die Kommunikation über alle kulturellen Unterschiede hinweg, und die Welt wurde ausgerechnet dank PIL, Nick Cave oder Yello zum globalen Dorf »at the Amazonas near Manaus full of piranhas«. Oder dank Nina Hagen.

Am letzten Tag, ich verbrachte ihn an einem Strand von Salvador de Bahia, verliebte ich mich. Sie trug einen gelben Bikini, sie studierte Psychologie, sie hieß Nádia (wie die Heldin meines – und auch ihres – Lieblings-

Salvador de Bahia, Dezember 1984

romans von André Breton), und als wir uns am Abend in einer Kneipe trafen, bekannte sie sich unter anderem zu ihrer Verehrung für Nina Hagen. Ausgerechnet Nina Hagen. In Brasilien.

Offenbar wachte die Meeresgöttin Iemanjá liebevoll über unsere keimenden Gefühle – anders kann ich mir nicht erklären, dass wenig später der Video-Mitschnitt von Frau Hagens »Rock in Rio«-Gastspiel über den Bildschirm flimmerte, und dass Nina schon bald »Zarah« anstimmte, für uns und nur für uns, für Nádia und mich an jenem ganz bestimmten Abend in Salvador de Bahia full of Magie und Gefühle: »Wir haben beide denselben Stern/Und dein Schicksal ist auch meins/Du bist mir fern und doch nicht fern/denn unsre Seelen sind eins/Und darum wird einmal ein Wunder geschehn/Und ich weiß, wir werden uns wiedersehn« – ich blickte tief und vielsagend in Nádias Augen, ich übersetzte ihr dieses Poem über unser Schicksal in gebrochenes Portugiesisch, sie verstand mich, die Sterne funkelten am tiefen Himmelszelt, es war warm, die Wellen liebkosten den Strand, Nádia war, kein Zweifel, die Frau meines Lebens, und ich war, obschon (oder weil) ich am nächsten Tag ins winterliche Europa zurückfliegen musste, so glücklich und euphorisch und ekstatisch wie nie zuvor.

(Rein theoretisch hätte auch ein Schlager wie »Love Is In The Air« gepasst – aber dann hätte dieser Nacht die hochglanzfotoromanmäßige Vollkommenheit gefehlt, die die tropische Romanze in einen jahrelangen »amour fou« verzauberte. Ganz klar: »Unser Lied«, das ich am Tag meiner Rückkehr 25-mal auf eine C-90-Kassette bannte und Nádia per Luftpost schickte, machte den Unterschied.)

Portugal, August bis Oktober 1985:

Mit ihrem dissonant verzerrten Postpunk hatten es Pop dell' Arte geschafft, den Mehrzwecksaal des Provinzstädtchens Barcelos im Norden Portugals innert weniger Minuten zu leeren. Ich war beeindruckt. Nach dem Konzert kam ich mit dem Schlagzeuger Luis ins Gespräch, und irgendwann muss ich beiläufig (?) erwähnt haben, dass auch ich Musiker sei (naja, ihr wisst schon, was ich meine) und in einer Band singe, denn er erzählte mir von seiner anderen Band, die bald auf Tournee müsse und dringend einen zweiten Sänger brauche. »Möchtest du nicht unser Sänger werden?«

Zwei Wochen später, ich war gerade im Busbahnhof von Lissabon angekommen, rief ich Luis an, und schon am folgenden Tag trafen wir uns für eine Probe in der Wohnung von Vascos Eltern. So kam es, dass ich für eine kurze, vom portugiesischen Fernsehen organisierte Tournee und einen weiteren Auftritt in einem alternativen Kulturzentrum Lissabons Sänger wurde von A Jovem Guarda, einer Mischung aus Echo And The Bunnymen und The Jesus & Mary Chain. In einem luxuriösen Bus reisten wir zusammen mit einem hübschen Schlagersternchen, einem bärtigen Barden und der Fernseh-Big-Band nach Vila Real und zelebrierten mit der Hingabe, zu der nur kleine Jungs fähig sind, sämtliche uns bekannten Rock'n'Roll-Klischees. Statt den Sound zu checken, checkten wir Vila Real aus und mimten, coole Sonnenbrillen auf der Nase, arrogante Rockstar-Arschlöcher, wir provozierten die Jungs und machten ihre Mädels an, wir schmissen Acid, kifften, und weil das noch nicht ausreichte, spülten wir den widerlichen Hotelfraß mit so viel Schnaps wie nur möglich runter.

Als A Jovem Guarda dann auf die Bühne wankte, schaffte es Vasco nicht mal mehr, sich die Gitarre umzuhängen,

A Jovem Guarda, live in Vila Real, 1985

und während des dritten Songs kippte er um und sang sitzend und liegend weiter, während ich mich trotz des Feedbacks an die Monitore lehnte. Die Band veranstaltete einen höllischen Krach, den wir später ebenso stolz wie unverfroren als »psychedelisch« bezeichneten, das biedere Kleinstadtpublikum, das wegen des Schlagersternchens und des Bardens gekommen war, saß versteinert, nein: terrorisiert in den Stühlen – und wurde erlöst von seinem Bürgermeister höchstpersönlich, der nach etwa einer halben Stunde das Stromkabel aus der Buchse riss.

Wir waren natürlich begeistert. So mussten auch die Stooges und Velvet Underground gewirkt haben, in ihren Anfängen. Und als uns, als wir aus dem Saal torkelten, die Dorfjugend umschwärmte und uns um Autogramme bat, war es um uns geschehen. Wir waren Stars! Wir waren die größte Rock'n'Roll-Band der Welt! Das waren Sex, Drogen und Rock'n'Roll, Baby, und für einmal *träumten* wir nicht nur von Sex, Drogen und Rock'n'Roll, sondern *lebten* Sex, Drogen und Rock'n'Roll, und deshalb fühlten wir uns verpflichtet, noch weitere Rock'n'Roll-Klischees abzuhaken und im Viersternehotel möglichst lange Radau zu schlagen. Nur etwas haben wir zu tun unterlassen: Wir haben keinen Fernseher aus dem Fenster geschmissen.

Brasilien, Juli bis August 1986:

Nina hatte sich nicht getäuscht: Nádia und ich sahen uns wieder, anderthalb Jahre später. Allerdings hatte Nádia unterdessen Mann, Kind und Kleiderladen, während ich wegen Cristina nach Brasilien zurückgekehrt war. Nádias Boutique lag – zum Leidwesen von Cristina und von Nádias Gatten – neben dem besten Plattenladen von Belo Horizonte, in welchem ich, beraten von ihr und dem Szene-Guru Arturo G. Couto Duarte (Herausgeber des Fanzines Gass, zu dessen Europakorrespondenten ich wurde), Platten von Capital Inicial, Legião Urbana, Cólera, Camisa de Venus und anderen kaufte, Punk-, New-Wave- und Avantgarde-Bands, die ihre angloamerikanischen Einflüsse mit süffigen brasilianischen Rhythmen verschmolzen.

Die Entdeckung einer interessanten einheimischen Szene berauscht den Pop-Besessenen. Ohnehin wird man ihn nie in Souvenir-Shops antreffen, und es kommt nicht selten vor, dass er auf einen Museumsbe-

Gass 7, Titelseite, Juli 1986, Couto Duarte

such oder auf einen weißen Strand verzichtet – zugunsten einer »Runde Rumstöbern« in einem Plattenladen. »Da erfahre ich mehr über die lokale Kultur«, rechtfertigt er sich dann. »Ich sehe, was für Musik die Leute hören, informiere mich über Konzerte, erfahre Wissenswertes über die einheimische Szene ...« Okay okay. »Worüber kann man sich schon mit Museumswärtern unterhalten?« Auch wahr.

Mein Bedürfnis nach Plattenläden wurde noch verstärkt durch die mich zermürbenden emotionalen Spannungen zwischen Nádia und Cristina. Natürlich hatte ich ein schlechtes Gewissen, dass ich in den letzten Tagen vor einer voraussichtlich langen Trennung von Cristina mehr Zeit verbrachte mit der Suche nach noch mehr von dieser »schizophrenen Musik« (Cristina – warum wollte ich immer noch nicht wahrhaben, dass die Trennung wegen musikalischer Differenzen unausweichlich war?) als mit ihr, aber es war anders nicht möglich.

Ich war grausam und gemein. Ich weiß es. Ich gebe es zu. Aber ich bereue es nicht. Nein. Ich bereue es nicht, und ich leiste keine Abbitte. Zumindest in diesem Fall haben sich die Platten, so hart dies auch klingt, Cristina, und so lieb du mir warst, doch als wichtiger erwiesen als eine zwischenmenschliche Beziehung.

Zurück in der Schweiz nahm ich meinen ganzen Mut zusammen und rief Urs Musfeld an, den Redakteur meiner Lieblingssendung Sounds! auf DRS3. Am 2. Oktober 1986 lief ich mit zwei schweren Tüten voll brasilianischer Platten im Radiostudio Basel ein, und diese zweistündige Livesendung über die Punk- und Indie-Pop-Szene Brasiliens war der Beginn einer neuen Phase in der Geschichte meiner Pop-Besessenheit.

Kuba, April 1997; November 1997 bis Februar 1998:

Im Lauf der Jahre sind mir aber nicht Legião Urbana am meisten ans Herz gewachsen, sondern Caetano Veloso und João Gilberto, deren Best-Of-Platten ich damals mehr aus Pflichtgefühl gekauft habe. Den stärksten Eindruck hinterlassen haben mir nicht Camisa de Venus live in Belo Horizonte, sondern die beiden Repentistas auf dem Markt von Fortaleza, die sich, nur von einem Tambourin begleitet, in rhythmischem Sprechgesang unflätige, aber saukomische Beleidigungen an den Kopf schmissen und das Publikum mit anzüglichem Klatsch aus der Region unterhielten – genau so, wie ich es von New Yorks Rappern aus Hip-Hop-Filmen wie »Wild Style« kannte.

Obschon die Geschichte der Popmusik in Kuba, wenn ein besessener Kenner der Materie wie der Rock-Radio-DJ Humberto Manduley in Havanna sie erzählt, aus kulturellen und ideologischen Gründen höchst aufschlussreich ist, erfuhr ich in den Casas de la Trova mehr über Kuba, abgesehen davon, dass die traditionelle Musik weit schöner und reicher ist als der kubanische Rock'n'Roll. Lieber als mexikanische Rock- und Rap-Bands aufzuspüren, verweile ich heute vor einem Marimba-Orchester – acht Mann mit je

Compay Segundo, La Habana, April 1997

zwei Schlägern pro Hand hinter zwei riesigen Marimbas –, das am Sonntagabend den Zócalo einer Kleinstadt rockt. Oder lasse mich von einer Bande Mariachis zu Tränen rühren – und plötzlich habe ich das Gefühl, die Seele Mexicos zu begreifen.

Manchmal mache ich überraschende Entdeckungen (Mariachis hielt ich für ein Touristenklischee, ehe ich sie an allen Straßenecken für einheimische Liebespaare singen hörte), manchmal fahre ich in ein Land, um mich ganz bewusst mit seiner Musik auseinander zu setzen (den finnischen Tango liebe ich seit meinem ersten Kaurismäki-Film, litt aber immer am unguten Gefühl, ihn ohne Aufenthalt in Finnland nicht wirklich verstehen zu können), und meistens nutze ich heute das wichtigste Privileg, das mein Beruf mir gewährt: Statt meine Recherchen hauptsächlich in Plattenläden durchzuführen, kann ich zielstrebiger auf Fachleute und Musiker zugehen und sie mit meinen Fragen belästigen. Musik und Sound, egal welchen Stils und welcher Herkunft, prägen jede Reise. Und gegen das Phänomen, dass sich, wie an anderer Stelle ausgeführt, auf jeder Reise Ohrwürmer von fragwürdiger Qualität in den Soundtrack drängen, kann man nichts machen. (Die dritte Single, die ich nach meiner ersten Brasilienreise gekauft habe? – Nein. Das kann ich nicht zugeben. Dazu bin ich noch nicht bereit. Vielleicht enthülle ich dieses Geheimnis später einmal, in der dritten Auflage dieses Büchleins.)

In Kuba war es aber trotz meiner Beschäftigung mit dem Son und den afrokubanischen Kulten und Kulturen ein Pop-Event, das mich am gründlichsten durchgerüttelt hat: die Papstmesse in Santiago de Cuba. Ich weiß nicht, wer wen inspiriert, ob Michael Jackson und U2 den Vatikan oder umgekehrt, die Papstmessen die Stadion-Pop-Rituale – aber so eine Papstmesse ist schlicht die Vervollkommnung aller Pop-

Johannes Paul II, live in Santiago de Cuba, 1998

inszenierungen. Vom Morgengrauen an heizen ein MC, ein Chor, ein Orchester und diverse Gueststars (Priester, Bischöfe etc.) in klasse Bühnenklamotten die Stimmung an, sie schwingen und schwenken tolle Utensilien und Symbole und bereiten das Publikum mittels Mitsing- und Mitmach-Spielchen auf die Ankunft des »hardest working man in religious business« vor. Und wenn er dann auf die Bühne tritt, Juan Pablo Segundo, ist Mittag, die Herzen glühen, die Sonne brennt heiß, und die Euphorie ist so intensiv, dass man sogar des Greisen Zittern übersieht. Verglichen mit dem Papst ist Michael Jackson nur eine Fußnote im Unterhaltungsbusiness der letzten 30 Jahre.

Epilog, Helsinki, Mai 2000.

Reija lächelt ein sympathisches finnisches Lächeln, als ich ihr mein Punkaharju-Trauma schildere. Sie sei auf diesem Festival gewesen, und ich hätte nicht viel verpasst, beruhigt sie mich, es sei sogar irgendwie ein bisschen schrecklich gewesen, die großartigen Undertones inmitten drittklassiger finnischer Holzhackerbands zu erleben.

Soll ich lachen oder weinen? Lachen, weil ich nichts Großartiges verpasst habe? Weinen, weil ich mich 19 Jahre lang grundlos grämte?

Das Mix-Tape in Zeiten des CD-Brenners

Christians Mixkassettenregel #1: *Die Mixkassette erlebt trotz der Konkurrenz des CD-Brenners eine Renaissance.*

1. Die Mixkassette gestern und heute

Mein erstes historisch verbürgtes Mix-Tape [12] nahm ich im Februar 1983 auf. Ein Jahr lang hatte ich Regula vergeblich nachgetrauert, plötzlich stand sie wieder vor mir, lächelte mich lieb an, und ich schenkte ihr eine Mischkassette zum Geburtstag. Oder lief es etwa doch umgekehrt ab? Schenkte ich ihr eine Mischkassette und entlockte ihr damit ein liebes Lächeln?

Die jüngsten Mix-Tapes produzierte ich im letzten Januar. Statt wie früher die Feiertage mit dem Verfassen von

12 Nach dem verfrühten Tod der Eintagsfliege ahnte ich, dass meine Karriere als Popstar in einer Sackgasse gelandet war, und ich beschloss, Plattenmogul zu werden. Ich gründet das Label »EgoN unltd.«, und wollte mich anfänglich auf Mix-Tapes für den internationalen Markt konzentrieren. Natürlich war ich nicht nur der Zigarren schmauchende Big Boss, der visionäre A&R-Mann und der inspirierte Studiozauberer, sondern auch der Buchhalter von EgoN unltd., verantwortlich für saubere VÖ-Listen und die Verwaltung des Back-Katalogs. Alles ist fein säuberlich abgeheftet im kleinen schwarzen Ordner.

Jahrescharts und Listen zu vertrödeln, verdichte ich nun das vergangene Jahr auf zwei C-90-Kassetten, die ich als Neujahrsgeschenk an meine Freunde schicke.

Meine nächsten Frühwerke waren ebenfalls Mädchengeburtstagsgeschenke. Andere Jungs waren sportlicher, weniger schüchtern oder knatterten auf schnittigen Motorrädern rum – mein Talent war das Mixen von Kassetten, und damit hoffte ich, neben Regula auch meine anderen Schwärme Isabelle, Lorenzetta und Liliane für mich einzunehmen.

Meine alljährlichen »Songs«- und »Tracks«-Compilations hingegen stelle ich nicht für eine bestimmte Person zusammen, und mein hauptsächlicher Ehrgeiz ist es, aus den hunderten von neuen Platten die mir liebsten und wichtigsten rund fünfzig Stücke auszuwählen und in eine stimmige Abfolge zu bringen. Deswegen überraschte es mich nicht sonderlich, als eine Verflossene sich beklagte, meine Kassetten gefielen ihr nicht mehr ganz so gut wie früher, es käme ihr vor, als hätten wir uns auseinander gelebt.

Ich heuchelte zwar Bestürzung, »ach ja?«, innerlich jedoch schmunzelte ich – bewies ihre Kritik nicht, dass meine früheren Kassetten sie persönlich berührt und somit die von mir beabsichtigte Wirkung auf unsere Romanze ausgeübt hatten?

2. Allgemeine Betrachtungen

Christians Mixkassettenregel #2: *Den großen Schritt vom Aufnehmen einer ganzen Platte zum individuellen Geschenkmix macht ein junger Mensch aus Liebe.*

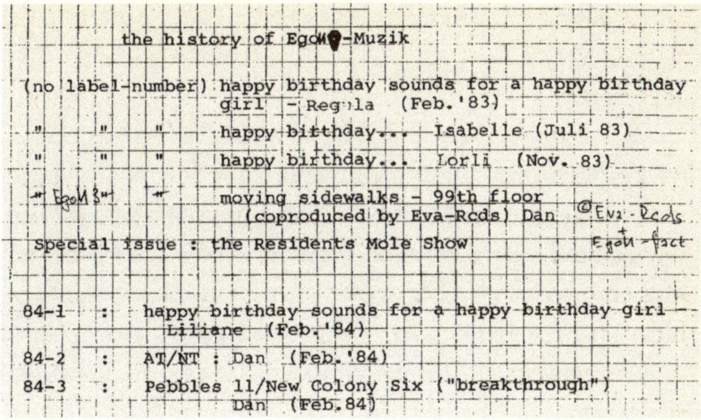
the history of Egon-Muzik

(no label-number) happy birthday sounds for a happy birthday girl - Regula (Feb.'83)
" " " happy birthday... Isabelle (Juli 83)
" " " happy birthday... Lorli (Nov. 83)
" EgoN 3 " " moving sidewalks - 99th floor (coproduced by Eva-Rcds) Dan ©Eva-Rcds + Egon-fact
Special issue : the Residents Mole Show

84-1 : happy birthday sounds for a happy birthday girl - Liliane (Feb.'84)
84-2 : AT/NT : Dan (Feb.'84)
84-3 : Pebbles 11/New Colony Six ("breakthrough") Dan (Feb.84)

Christians Mixkassettenregel #3: *Kassetten, die ein Junge für ein Mädchen aufnimmt, klingen anders als die Kassetten, die ein Junge für einen Jungen aufnimmt. Letztere dienen vorrangig der Fortsetzung des Fachsimpelns mit anderen Mitteln und der Zurschaustellung seiner Plattensammlung.*

Christians Mixkassettenregel #4: *Es ist statistisch erwiesen, dass Mädchen lieber ganze Platten als Mixkassetten aufnehmen. Dass Mädchen ihre Kassetten mit kitschigeren Umschlägen schmücken als Jungs, ist aber ein sexistisches Vorurteil.*

Christians Mixkassettenregel #5: *Für den Musikfreund ist die Mixkassette, was für andere Rosen, Pralinen oder Schmuck sind: ein Vorwand, sich für die Übergabe zu treffen. Die Mixkassette weist aber entscheidende Vorteile auf: Sie verwelkt nicht, sie kann weder verspeist noch versetzt werden, und in den meisten Fällen liegt sie jahrelang in der Wohnung oder im Auto herum und macht neue Lebensabschnittspartner eifersüchtig.*

3. *Die hohe Kunst des Mixens*

3.1. Vorbemerkungen

Das Zusammenstellen einer Mischkassette ist ein anspruchsvolles Unterfangen – neben musikalischem Grundwissen und Geschmack wird auch die Beherrschung des komplexen Regelwerks gefordert. Besonders heikel ist die erste Kassette, die man für eine geliebte Person aufnimmt. Unzählige Paare verdanken ihr Liebesglück einem gelungenen Debüt-Tape! Mindestens ebenso viele Beziehungen endeten jedoch vorzeitig wegen eines fehlerhaften Soundtracks! – Weil es weder Fachliteratur zum Thema gibt, noch Mix-Tapejockeis, die, analog zu den öffentlichen Schreibern von früher, auf individuelle Bedürfnisse zugeschnittene Botschaften mixen, möchte ich jungen Novizen einige Gedanken, Geheimnisse und Tricks aus meiner langjährigen Praxis weitergeben.

Christians Mixkassettenregel #6: *Mixkassetten sind eine Kreuzung aus Liebeserklärung, Selbstdarstellung und Belehrung.*

Christians Mixkassettenregel #7: *Ein Mixtape ist so persönlich wie eine Kontaktanzeige, ein Liebesbrief oder ein erster Chat. Auswahl und Abfolge der Lieder offenbaren die Persönlichkeit, die Befindlichkeit und die Wünsche des Machers.*

Christians Mixkassettenregel #8: *Die Mixkassette soll nicht einen beliebigen Vertreter des begehrten Geschlechts verführen, sondern die »richtige« oder zumindest eine »passende« Person. Deshalb lohnt sich Ehrlichkeit.*

Begründung: Ein ehrlicher Mix verhindert unangenehme Situationen: Das Frühstück danach, bei dem man merkt, dass man sich nichts zu sagen hat, und das Gegenüber, um das Schweigen zu übertönen, Tina Turner auflegt. Sie verhindert, dass man zuhören muss, wie sie/er unter der Dusche selbstvergessen »I Will Always Love You« jault. Sie verhindert auch, dass einem, wenn man die Affaire verdrängen möchte, täglich »Don't You Forget About Me« (Simple Minds) auf den Telefonbeantworter gespielt wird.

3.2. Heiße Mixtipps für ein hippes Hit-Tape

3.2.1. Let the Music do the Talking

- Der Einstieg ist entscheidend. Mein Tipp: eine knackige, optimistische Neuheit, die unverfänglich wirkt, aber der aufmerksamen Hörerin eine eindeutige Botschaft übermittelt. Mein derzeitiger Favorit in dieser Kategorie: »Stupidly Happy« von XTC, eine der charmantesten Liebeserklärungen seit langem.
- Neue, unbekannte, ungewöhnliche Songs suggerieren, dass sie in deinen Armen Entdeckungen und Erfahrungen machen und Überraschungen erleben wird.
- Eine große stilistische Bandbreite ist der Beweis für Offenheit, Neugierde und Toleranz.
- Eine internationale und polyglotte Selektion vertont deine Weltgewandtheit.
- Mut zu Evergreens! Vertraute Hits von Konsenskünstlern wie Beck oder Björk, aber auch einer oder zwei echte Oldies (Tipps: Marvin Gaye, Aretha Franklin) schaffen Vertrauen.
- Mut zu Schmachtfetzen! Sentimentale Herzensbrecher beweisen, dass du Sinn für Gefühle und Romantik hast. Tipps: Marvin Gaye, Aretha Franklin; dem Buena Vista Social Club sind aber originale Boleros von Benny Moré

oder Maria Teresa Vera vorzuziehen – damit zeigst du, dass du nicht nur den Trend, sondern auch seine Geschichte kennst.

- Mut zu Humor und (Selbst-)Ironie. Seinen Humor betont schließlich jeder Kontaktanzeigenverfasser.
- Mut zur Rücksicht auf ihre Vorlieben! Damit sagst du: Ich bin kein Geschmackstyrann, und du wirst bei mir auch deine CDs einlegen können. Entscheidend ist aber: Keine Anbiederung! Keine faulen Kompromisse! (siehe Christians Mixkassettenregel #8)
- Der Schluss ist ebenfalls von entscheidender Bedeutung. Bist du mit »Stupidly Happy« eingestiegen, könntest du, um den Kreis zu schließen, mit Björks »Violently Happy« enden.

3.2.2. Risiken und Nebenwirkungen

Christians Mixkassettenregel #9: *Selbstdarstellung und persönlicher Ausdruck haben ihre Grenzen! Eigenleistungen sind streng verboten – außer man hat eine Stimme wie Marvin Gaye oder Aretha Franklin.*

Beispiel: Meine frühen Mädchengeburtstagskassetten eröffnete ich jeweils mit dem »Birthday Boy« der Residents und beschloss sie mit demselben Lied – allerdings im »Sweet-Birthday-Girl-A-Capella-Vocal-Remix«. Den ich selber sang. Ja, ich. Ich hielt das für den Beweis meiner besonders aufrichtigen Hingabe.

Ein Irrtum. Heute weiß ich das. Das war, im Fall von Regula, vielleicht sogar der Anfang vom endgültigen Ende unserer Beziehung. Das war, in anderen Fällen, vielleicht der Anfang vom Ende des Anfangs einer Liebesgeschichte.

Christians Mixkassettenregel #10: *Überlass auch die intimsten Botschaften professionellen Textern und Interpreten!*

Beispiel: Auf die erste Kassette für Sylvie sprach ich eine untertrieben gesagt leicht intime Botschaft. Die Botschaft an sich hat Sylvie nicht missfallen – leider aber hörte sie sich die Kassette zum ersten Mal in Gegenwart ihrer Mutter an. Es war allen Beteiligten schrecklich peinlich, den Anwesenden wie dem Abwesenden, und hat mich meiner potenziellen Schwiegermutter nicht wirklich empfohlen. Außerdem verhindert ein solcher Wortbeitrag auf einer Kassette a) ihren Einsatz an gesellschaftlichen Anlässen und damit die PR für mich (im Stil von: »Er hat zwar kein Motorrad, aber hört mal, was für tolle Tapes er mixt!«) und b) ihr Weiterleben nach der Trennung.

3.2.3. Lyrik und Wahrheit

Christians Mixkassettenregel #11: *Kein Lied auf einer Mixkassette ist unschuldig. Der Interpret wird zum Sprachrohr des Absenders. Der Text drückt aus, was man selber nicht zu sagen wagt. Jedes Lied muss als persönliche Botschaft des Absenders verstanden werden können, kein Lied darf seinen Absichten zu offensichtlich widersprechen.*

3.2.3.1. Risiken und Nebenwirkungen

Falsch: Auf die bereits erwähnte Kassette für Sylvie habe ich, ohne mir etwas dabei zu denken, »Oui Chef Non Chef« von Eddie Mitchell geknallt, ein eher dämlicher Roquène-raule-Heuler. Das war nicht gut. Was dieses Lied zu bedeuten habe, fragte sie mich misstrauisch, und wie es sich auf sie oder auf mich oder auf uns beziehe.

Falsch: Auf die erste Kassette für Sabine bannte ich aus musikästhetischen Gründen Serge Gainsbourgs »Couleur Café«, eine anzügliche Ode an eine exotische Schönheit. Das war höchst fahrlässig, ist doch Sabine eine blasse Schönheit. (Dieser Regelverstoß ging glimpflich aus, weil Sabine damals zu wenig Französisch verstand und der Chansontitel selber unverdächtig klingt.)

 Zeichnung: Fil

3.2.3.2. Liebe und Triebe

Christians Mixkassettenregel #12: *Auf der ersten Mixkassette ist die subtile Balance zwischen charmanter Eindeutigkeit und eleganter Zurückhaltung geboten.*

Weil 90 % der Pop-Songs um das Eine kreisen und dieses Eine auch die Motivation für 90 % der ersten Mix-Tapes ist, sind Liebeslieder unvermeidlich – aber mindestens ebenso heikel. Während auf den Post-Erstes-Frühstück-Kassetten fast alle Spielereien erlaubt sind, muss man sich der Angebetenen beim ersten Mal mit einer gewissen Behutsamkeit annähern und nicht allzu forsch in ihre Intimsphäre eindringen.

3.2.3.2.1. I Love You Love me Love[13]

Ehe man beginnt, muss man sich über seine Haltung und seine Rolle im Klaren sein und die aussagekräftigsten Songs dann unter diesen Gesichtspunkten auswählen:

a) Bist du der Verführer? Der Verführte? Tipps: Marvin Gaye, Aretha Franklin.
b) Wie selbst- und siegessicher willst du auftreten? Tipps: Marvin Gaye, Aretha Franklin.
c) Gestehst du Unsicherheiten und/oder Zweifel ein? (Ist sie die Richtige? Wird sie die Liebe erwidern? Steckt sie (steckst du) noch in einer Beziehung? Tipps: Marvin Gaye, Aretha Franklin, Björks »Possibly Maybe«, »Ever Fallen In Love With Someone You Shouldn't Have Fallen In Love With« von den Buzzcocks.
d) Heischst du Mitleid, weil du sitzen gelassen wurdest? Tipps: »Heartbreak Hotel« (Elvis), »I'm So Lonesome I Could Cry« (Hank Williams), Marvin Gaye, Aretha Franklin.

13 Gary Glitter

e) Möchtest du ihr bedeuten, dass du ihr mit Haut und Haar ausgeliefert bist, egal wohin diese Gefühle dich führen? Tipps: Marvin Gaye, Aretha Franklin. Weitere Empfehlungen: Chris Isaaks »Wicked Game« (hübscher Text, außerdem stehen viele Frauen auf den traurigen Chris und projizieren im besten Fall ihre Gefühle für den schönen Chris auf dich); Scritti Politti: »Gettin' Havin' & Holdin'« – sie kann im Multiple-Choice-Verfahren ankreuzen, wie du dich, »when a man loves a woman«, fühlst, ob »happy maybe«, »never alone«, »always alone« oder »bound to be heartbroken«. Diese Ballade eignet sich als vorletztes Lied der ersten Seite; mit dem letzten Lied muss dann dringend gedämpfter Optimismus verbreitet werden. Tipp: The Smiths: »Last Night I Dreamed Somebody Loved Me«.

- Möchtest du dich verbindlich für eine Zukunft (mit eigenem Haus, Kind etc.) verpflichten? Tipp: Papas Fritas: »Living By The Sea« – damit erklärst du dich bereit, den beruflichen Ehrgeiz zugunsten eines harmonischen Familienlebens in einem Provinznest am Meer zurückzustecken.
- Weißt du, was du willst und forderst eine umgehende Antwort? Tipps: Marvin Gaye, Aretha Franklin, Nick Cave: »Do You Love Me«.
- Bist du ratlos und sehnsüchtig, weil sie so weit von dir entfernt lebt (auf einem anderen Kontinent, in einem anderen Land, in einem anderen Stadtviertel)? Tipp: Los Lobos: »Prenda del Alma«.
- Was immer wirkt: Deine Liebe für sie als mysteriöse Kraft heraufbeschwören, derer du dich nicht erwehren kannst. Tipps: »Something's Gotten Hold Of My Heart«, »Ring of Fire«, Marvin Gaye, Aretha Franklin.

3.2.3.2.2. Risiken und Nebenwirkungen

Falsch: Namenslieder. Einer Sabine entlockt Trios »Sabiin Sabiin Sabiin« vermutlich nicht mehr als ein abschätziges Lächeln, und welche Torturen eine Marina oder eine Aline durchmachen, wage ich mir nicht auszumalen. Ausnahmen: Obskure Lieder (»Sabina«, ein finnischer Tango von Veikko Tuomi) oder verblüffende Coverversionen der Namensliedklassiker.

Falsch: Polygame Großspurigkeiten; prahlerische Inszenierung der eigenen Unwiderstehlichkeit: J.J. Johansons »So Tell The Girls I'm Back In Town«, Right Said Fred: »I'm Too Sexy«.

Falsch: Sexhits wie »Love To Love«, »Sexual Healing«, »Voulez-Vous Coucher Avec Moi Ce Soir« oder »Je t'aime,

Daniel Schär, »First Official Announcement«, Mixkassettenhülle, 1987

moi non plus«. Das wäre so poetisch wie »gut behangener Hengst sucht geile Stute«.
Ausnahmen: Campe Anzüglichkeiten wie Tom Jones' »Sex Bomb« oder Mousse Ts »Horny Horny Horny«, unter der Bedingung, dass sie (selbst-)ironisch gebrochen werden. Tipps: Neneh Cherry: »Manchild«; Dalida: »Bambino«; John S. Halls Penislängenreflexion »A Good Hard Look«.
Falsch: Einen musikalisch zu fragwürdigen Song nur wegen seines Textes oder Titels aufnehmen. Was nützt die schönste Botschaft, wenn sie sich die Kassette nie anhört?
Megasuperfalsch (auch nach dem 1000. Frühstück): Lügen wie »I Will Always Love You« (von Mariah Carey? Whitney Houston? Céline Dion?).

3.2.3.2.3. Die Kassette danach

Nach dem ersten gemeinsamen Frühstück ist fast alles erlaubt, auch explizite Sexhits (siehe 3.2.3.2.2. § 3). Ausnahme: »Je t'aime, moi non plus« ist zwar der schönste Stöhnsong aller Zeiten, aber zu verbraucht. Nicht nur erlaubt, sondern ein Muss ist hingegen »Sexual Healing« (Marvin Gaye). Anregend kann sich auch die diffuse Erotik der Duette von Lee Hazlewood und Nancy Sinatra auswirken. Die dümmliche Glückseligkeit des Verliebtseins erträgt auch gewisse Platitüden (Tipps: »You're The Best Thing That Ever Happened To Me« von Gladys Knight). Wichtig: Dosierung und Humor.

Tipps für weitere thematische Beziehungstapes: Sex, Treue, Polygamie, Beziehungskrise, der Komplex Kindermachen, Kinderkriegen und Kinderaufziehen, silberne Hochzeit und natürlich Scheidung/Trennung (siehe 3.3.).

3.2.4. Form und Funktion

Ebenso wichtig und aussagekräftig wie die Auswahl der einzelnen Lieder ist die Strukturierung der zweimal 45 Minuten. Im Gegensatz zum einmaligen DJ-Set, das in einem präzis definierten Kontext (Rave, Club, Lounge, Vernissage etc.) funktionieren muss, sollte die Kassette möglichst oft und möglichst polyvalent einsetzbar sein (in der intimen Zweisamkeit, im Auto, beim Essen mit Freunden etc.), ohne dabei aber beliebig und/oder langweilig zu werden.

– Die Abfolge der Songs muss einen dynamischen und stimmungsvollen Spannungsbogen schaffen und Vertrautes geschickt mit Überraschendem abwechseln lassen.
– In gewissen Fällen kann ein Netz an Verweisen, inhaltlichen und musikalischen Echos mit Refraincharakter die Wirkung erhöhen.

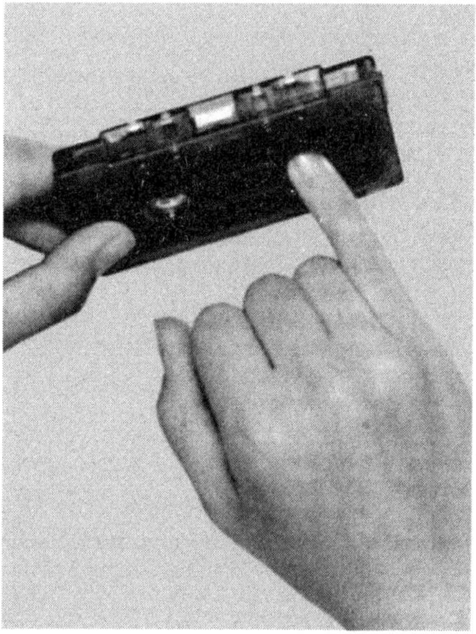

Kassetten-vorbereitung

- In der Regel sollten nicht mehr als zwei Evergreens oder zwei Songs im gleichen Stil/gleichen Rhythmus aufeinander folgen.
- Die Brüche dürfen nicht zu brutal sein, sondern müssen musikalisch und/oder inhaltlich schlüssig sein und locker (nie bemüht! nie verkrampft! nie hörbar didaktisch!) von einer Stimmung in die andere führen.
- Aber: Jeder Tapejockey muss seinen eigenen Stil entwickeln.
- Und: Jede Regel muss gebrochen werden, wann immer es nötig ist.

3.2.5. Fazit

Die Arbeit an einem Mix-Tape, vor allem am ersten Liebestape, darf nicht unterschätzt werden. Sie ist aufwändig, anspruchsvoll und zeitraubend, der Tapejockey entwirft Songlisten und Abläufe, schmeißt sie weg, setzt neu an und beschäftigt sich tagelang mit seinen Platten und wichtiger noch: mit seinen Gefühlen.

Erst wenn er spürt, dass er den richtigen Mix geschaffen hat, was nichts anderes bedeutet, als dass er sich seiner genauen Gefühle sicher ist, darf er der Umschwärmten ein Rendezvous vorschlagen, um ihr die Kassette beiläufig zu überreichen. »Du, ich habe dir schnell mal so 'ne Kassette aufgenommen.« (Und dann hofft er, dass sie von selber spürt, wie viel Schweiß, Tränen und Liebe in dieser C-90-Kassette stecken.)

Christians Mixkassettenregel #13: *Das Kassettenmixen ist eine hohe Kunst. Vergleichbar mit dem Schreiben eines Gedichtes.*

3.3. Ein Spezialfall: Herzen und Schmerzen – die Kassette zur Trennung

3.3.1. Variante 1: Du verlässt mich

Diese Kassette zusammenzustellen ist ein Kinderspiel, handeln doch 90 % der Liebeslieder von Herzschmerz. Beginnen würde ich mit »Heartbreak Hotel« von Elvis und enden mit demselben Lied, aber in der Version von John Cale (auf »Comes Alive«). Für die 85 Minuten dazwischen hat man die Qual der Wahl; mit Liedern, die sich klar auf die eigene Situation beziehen, prangert man ihre Herzlosigkeit an und quält ihr Gewissen.
Variante 1b: Variante 1b: Du hast mich verlassen, und eigentlich finde ich das ganz okay. Oder zumindest möchte ich so tun, als könnte ich gut damit leben. Tipps: Siehe oben. Als letztes Stück (zum Zeichen deiner Unabhängigkeit) J.J. Johansons »So Tell The Girls I'm Back In Town« oder Lou Begas »Mambo No. 5«.

3.3.2. Variante 2: Ich verlasse dich

Einen Abschiedsbrief musikalisch zu formulieren, wäre eine weit anregendere Herausforderung, da deutlich weniger Lieder das Ende einer Lovestory aus dieser Perspektive schildern, sodass man sich vermutlich mit einer C-60-Kassette begnügen müsste. Sechs verbindliche Tipps: Serge Gainsbourg: »Je suis venu te dire que je m'en vais«; Manu Chao: »Je ne t'aime plus«; Cliff Jackson & Jellean Delk: »Frank, This Is It«; der klassische finnische Tango »Liljankukka« von Henry Theel; George Jones mit »Stopped Loving Her Today«. Den endgültigen Schlussstrich ziehen Ween mit »Baby Bitch«.

Reto Gloor, »Boss On The Boat«, Mixkassettenhülle, 2000

4. Letzte Antworten

Wie erfolgreich waren meine Kassetten? Haben sie die Begehrten wirklich in meine Arme gelockt? Haben die Beschenkten meine Botschaften entschlüsselt? Haben ihnen die Kassetten überhaupt gefallen? Oder taten sie nur so? Über die konkrete Wirkung meiner Kassetten habe ich keine Statistiken. Nicht alles zwischen Himmel und Erde muss sich positivistisch erhärten lassen. Das Mix-Tape ist eine Glaubenssache. Wie andere Menschen an die Kerze, die sie in der Kirche opfern, glauben, wie andere dem Candlelight beim Dinner vertrauen, so glaube ich, dass ein gutes, persönliches Mix-Tape einen sensiblen Menschen nicht unberührt lässt. (Würde der Zweifel daran nicht geradewegs den Sinn meines Lebens infrage stellen?)

5. Schlussakkord: Ein Fragezeichen

Die besten Mischkassetten entstehen aus Liebe, philosophierten ein Bekannter und ich, und schwärmerisch fügte er an, er habe eine wunderbare Frau kennen gelernt und als Erstes gleich eine Kassette für sie aufgenommen.

Am selben Abend, meine Liebste feierte Geburtstag, tauchte er im Restaurant auf, trat an unseren Tisch, griff lässig in seine Jacken-Innentasche … – und während er ihr eine Kassette überreichte, raunte er mir betreten zu: »Es ist nicht so, wie du meinst.«

Nicht so, wie ich meine? Was ist nicht so, wie ich meine? Buhlte da nicht einer mit meinen Mitteln um meine Liebste?! Und überhaupt: Dieser Satz, in tausend Boulevard-Schwänken und TV-Serien verbraucht – dass ich den auch mal im richtigen Leben zu hören kriegte! »Es ist nicht so, wie du meinst!« – Aber was konnte er sonst damit meinen?

16

Dieser alte Sack und Sepultura?

Manuel ist Kubaner. Manuel ist 18. Manuel fühlt sich unwohl in seiner Haut. Manuel liebt die Red Hot Chili Peppers, Pearl Jam, Sepultura und die kubanischen Garaje H. Sie liefern ihm den Soundtrack für seine Rebellion wider seine Eltern, seine Lehrer und Fidel. Manuel hat sein Zimmer mit Bands und Musikern, ausgeschnitten aus spanischen Illustrierten, voll geklebt, überall stapeln sich Kassetten. Ich verstehe Manuel. Das wiederum versteht er nicht.

Sein Vater Enrique: »Aproveche, Manuelito, sprich mit Christian über deine Lieblingsbands!«

Manuel mustert mich skeptisch. Manuel druckst herum. Schweigt störrisch. *Ein schüchterner Teenager,* sage ich mir, *wie süß.* Ich lächle ihm aufmunternd zu. Manuel wendet sich zu seinem Vater. Ich verstehe nicht, was er flüstert – seine Miene aber ist unmissverständlich: »*Dieser* alte Sack und Sepultura?«

Ältere Semester erinnern sich, dass Pop vor noch gar nicht so langer Zeit als »Jugendkultur« galt. Erwachsene hörten klassische Musik, Jazz oder Liedermacher, und wenn sie weiterhin auf Rock'n'Roll bestanden, hatten sie sich gefälligst auf die Heroen ihrer Jugend zu beschränken und sich ab 30, spätestens aber nach dem ersten Kind nicht mehr für das aktuelle Geschehen zu interessieren. Das war, glaubte man in jenen finsteren Zeiten, eine Bedingung für »würdevolles Altern«. Heute jedoch wissen wir: Wie Rockmusiker nicht zur Frührente gezwungen werden können, ist auch der Konsum von Popmusik nicht zeitlich begrenzt. Popmusik ist nicht mehr Jugendkultur. In gewissen, nicht immer unpeinlichen Fällen mag Popmusik Jugendlichkeitskultur sein, aber auch der Flirt mit der ewigen Jugend ist nicht mehr notwendig – man kann ein würdevoller alter Sack sein und Sepultura hören.

Bisweilen habe ich jungen Menschen wie Manuel gegenüber ein schlechtes Gewissen: Bin ich nicht ein Wilderer in ihrem Revier? Ein Dieb, der ihnen die Musik entwendet, mit der sie ihre Position markieren möchten?

Als ich meine ersten Punk-Platten kaufte, wusste ich, dass ich mich damit abgrenzte: Meine Eltern würden mir die Sex Pistols garantiert nie streitig machen, und selbst die meisten Gleichaltrigen hielten mich für verrückt. Punk war

Sepultura, »Roots«, CD-Cover, Roadrunner Records

mein Ding. Punk provozierte. Punk (und was sich daraus entwickelte) teilte ich nur mit einer Minderheit von netten Gesinnungsgenossen. (Was wäre wohl aus mir geworden, wenn mein Vater die Sex Pistols cool gefunden hätte? – Ein Nazi? Ein Genforscher? Ein Broker?)

Der Lebensraum der heutigen Kids hingegen wird von allen Seiten bedrängt, und nichts – weder Musik noch Mode, Drogen, Tanzschritte und Computergames – gehört ihnen ganz allein. Wie kann ein junger Mensch unter diesen Bedingungen seine Identität finden? Wenn auch diejenigen durch seine Welt paradieren, von denen er sich abgrenzen müsste?

Vermutlich hat unterdessen auch die Schule die Popmusik vereinnahmt, vermutlich seziert der moderne Englischlehrer Nirvana- und Eminem-Texte, während Tocotronic und Zentrifugal zum Lyrik-Kanon des Deutschunterrichts gehören und an Schulfesten die vom Musiklehrer geförderten Schülerbands auftreten.

Wie fände ich das als Schüler?

Wenn weiland unser Englischlehrer – damals ein paar Jahre jünger als ich bei meiner Begegnung mit Manuel – das Schulzimmer mit einem verheißungsvollen Schmunzeln im Gesicht und dem mickrigen schuleigenen Radiorekorder unter dem Arm betrat, schrillte meine innere Alarmglocke. »Warnung: Der alte Sack will sich anbiedern.« Für gewöhnlich bestätigte er meinen Argwohn, indem er mit uns über Platitüten wie »We Don't Need No Education« diskutieren wollte. Natürlich führte das, weil ich mich verpflichtet fühlte gegen den verlogenen Pathos von Pink Floyd und die Heuchelei unseres Teachers verbal Amok zu laufen (und dafür von meinen Mitschülern verbal gelyncht wurde), zu wüsten Szenen in der Schulstunde und auf dem Pausenhof. Tatsächlich aber war ich den Lehrern dankbar für ihre Rückständigkeit und ihr Desinteresse an meiner Kultur, erlaubten sie mir doch, ihre Autorität abzulehnen und eine sichere Distanz zur Welt der Erwachsenen zu wahren.

»Nicht Status Kuh – Status Quo!«, fuhr der Onkel seinem Neffen über den Mund. Sie standen, einige Jahre ist das her, neben mir in der Vinylabteilung eines Plattenladens. »Sex Pistols? – Kenne ich, klar. Aber die Clash waren besser!« Der Kleine zeigte dem Alten Platten, und dieser kommentierte sie. »Omega? – *das* war eine geile Band! Von denen habe ich alles.« Klarer Fall: Ein besserwisserischer Vinyl-Nostalgiker, der seinem Neffen keine eigene Meinung gönnte. Als er den Verkäufer nach einer Wishbone-Ash-Platte fragte und dieser ihm beschied, die sei nur auf CD wiederveröffentlicht worden, tobte er. Seine pathetische Tirade wider die CD schloss er kämpferisch: »Ich halte durch!«

Ich war entsetzt. Fasziniert. Angewidert. Gleichzeitig wusste ich: So wie er hätte auch ich werden können, ein verbitterter, reaktionärer, untoleranter, humorloser, klugscheißender Sammler. *Hätte* ich werden können? Bin ich mir denn so sicher, dass ich ihm nicht ähnlicher bin, als mir lieb ist?

Ja, ich kenne alle diese Platten; nein, ich höre mir nicht alle diese Platten jeden Tag an; nein, ich finde nicht alle meine Platten gleichermaßen gut. Und: Ich mag diese Fragen nicht mehr beantworten.

Ich gestehe, dass es mir phasenweise peinlich und unangenehm ist, so viele Tonträger zu besitzen, und dass die Platten- und CD-Wände etwas durchaus Bedrückendes ausstrahlen. Seit meinem letzten Umzug aber lebe ich mit

Viele CDs und eine Maus

meiner Plattensammlung in inniger Harmonie: Lieber teile ich meine Wohnung mit zu vielen guten Platten als mit wenigen schlechten.

Es gibt ganz einfach zu viel Musik. Diese Feststellung erfüllt mich jedes Mal wieder mit Wonne und Grauen. Je mehr ich kenne, desto deutlicher wird die Ahnung, dass da draußen noch vieltausendmal so viel auf mich wartet. Meine Ignoranz belastet mich aber nicht, im Gegenteil, sie gibt mir ein Gefühl von Sicherheit. Mehr noch: Die Lücken in meiner Plattensammlung sind, da ich, wenn mich zwei Wochen lang keine Neuheit überrascht und begeistert hat, unter quälenden Entzugserscheinungen zu leiden beginne, eine existenzielle Notwendigkeit, verheißen sie mir doch nichts anderes als: Ich werde bis ins hohe Alter nicht nur Neues entdecken, sondern immer wieder auch Altes ausgraben und Exotisches erforschen können.

The Beach Boys, »Pet Sounds«, CD-Cover, Capitol Records

So bleibt mir der Juli 1994 in schönster Erinnerung, weil ich mich endlich ernsthaft mit den Beach Boys zu befassen begann; unvergesslich ist die Nacht im Frühjahr 1995, als mich in einer New Yorker Lounge erstmals die aberwitzigen Arrangements von Juan Garcia Esquivel ver-

Juan Garcia Esquivel, »Other Worlds Other Sounds«, LP-Cover, RCA Records

Miles Davis, »Bitches Brew«, CD-Cover, Columbia Records

zückten. Auch das laufende Jahr war an derartigen Höhepunkten reich: Im Januar schenkte ich mir die Fela-Kuti-Wiederveröffentlichungen, im Februar gönnte ich mir zum ersten Mal die notwendige Muße für Miles Davis' »Bitches Brew«, und während der verregneten Sommerabende schmolz ich zu Marvin Gayes Stimme dahin ...

Das waren wunderbare Erfahrungen, die mir jedes Mal eine prächtige, weite, inspirierende und für mich neue Welt erschlossen. Allein die Vorfreude auf weitere derartige Begegnungen lindert existenzielle Ängste und deutet Zukunftsperspektiven an, und somit sind gerade die Leerstellen eine Garantie für künftige Erfüllung und für ein relatives psychisches und mentales Gleichgewicht.

Weit störender als die Lücken im Regal, in welchen eigentlich kanonisierte Klassiker Staub ansetzen sollten, sind gewisse Zonen, in denen laut gesundem Menschengeschmack Löcher klaffen müssten. Es ist schwieriger, den spöttischen Ausruf »Oops! Hast du wirklich alles von Vanessa Paradis?!« lässig zu kontern als die Frage »Wo hast du

Vanessa Paradis, »Joe Le Taxi«, Single-Cover, Polydor Records

die übrigen Dylan-CDs eingeordnet? Oder hast du wirklich nur diese eine?«

»Das war die erste glückliche Zeit meines Lebens, denn endlich tat ich, was mir Spaß machte: Filme sehen und darüber reden, und dafür wurde ich auch noch bezahlt!«, schreibt François Truffaut im Vorwort von »Die Filme meines Lebens«. Diese Schilderung seiner Anfänge als Filmkritiker prägte sich mir tief ein, auch wenn ich damals, als ich dieses Buch las, keinerlei journalistischen Ambitionen hegte. Mit dem Lebensinhalt den Lebensunterhalt bestreiten. Das war so einleuchtend, dass ich nicht wirklich erstaunt war, als ich ein paar Jahre später, 1986, eher zufällig eigentlich, als freier Autor für Zeitungen und den Rundfunk zu arbeiten begann. Ich war mir zwar nicht sicher, ob dies klug war, da ich befürchtete, die Professionalisierung könne zu einem Verlust an Leidenschaft führen, doch hatte ich letztlich keine Wahl: Meine Besessenheit war zu groß, um auf eine Freizeitbeschäftigung reduziert zu werden.

Die Entscheidung habe ich nie bereut. Allen Zweifeln zum Trotz spürte ich bald, dass ich im Begriff war, mir eine Nische zu schaffen, in der – wie zuvor im Plattenladen Roxy – meine Besessenheit nicht wunderlich oder krank wirkte, sondern im Gegenteil sich frei entfalten konnte. Fortan erhielt ich die lebensnotwendigen Informationen aus erster Hand, und der Austausch mit Gleichgesinnten, mit Musikern und Machern, war weit inspirierender als die Fachsimpeleien von früher. Als Glücksfall erwies es sich, dass ich meine Laufbahn als Korrespondent in Paris begann: Das gewährte mir eine große Unabhängigkeit der Unterhaltungsindustrie und den Redaktionen gegenüber – weil niemand wusste, was in Frankreich geschah, konnte ich frei entscheiden, worüber ich berichten wollte.

Meine Besessenheit tat das Übrige, um mich vor Zynismus und Kompromissen zu bewahren – ich bin schlicht unfähig, über Musik zu reden, die mich nicht berührt. Das hat weniger mit Integrität zu tun als mit Sturheit. Oder, in den Worten von Lee Hazlewood: »Wenn du lange genug stur bleibst, wird dir das mit der Zeit als Integrität ausgelegt.« (Wegen solcher Weisheiten unterhalte ich mich heute lieber mit alten Säcken wie Lee Hazlewood als mit jun-

Lee Hazlewood, »Farmisht, Flatulence, Origami, ARF!!! and me ...«, CD-Backcover, Smells Like Recordss

gen Schnöseln.) So einfach ist das. Deshalb lächle ich nur müde, wenn mir ein Redakteur mangelnde Professionalität vorwirft – diesen Anspruch stelle ich gar nicht, lieber bleibe ich ein Amateur, ein Liebhaber. Ein FAN. Und deshalb liebe ich Musik heute vermutlich noch leidenschaftlicher als mit 18.

Nicht zuletzt hat sich mein Beruf auch auf mein soziales Leben positiv ausgewirkt: Seit ich meinen missionarischen Eifer in meiner Arbeit ausleben kann, habe ich nicht mehr das unbedingte Bedürfnis, pausenlos alle mit Gesprächen über Musik zu belästigen, ich will niemanden mehr bekehren und niemandem meine Meinung aufdrängen. So habe ich es, rede ich mir zumindest ein, im Gegensatz zu jenem zuvor erwähnten garstigen Onkel geschafft, zu einem sozial verträglicheren Menschen zu mutieren.

»*Dieser* alte Sack und Sepultura?« – Das hatte gesessen. Ist mein Alter so offensichtlich? Sieht man mir wirklich an, dass ich nicht mehr 18 bin? Ich wollte schon, melancholisch wie es sich gehört, meiner verlorenen Jugend nachtrauern und mich über Rentenvorsorgepläne informieren, als … – »Du möchtest doch nicht allen Ernstes wieder 18 sein?!«, raunte mir eine innere Stimme zu. Ich unterbrach meine Trauerarbeit, dachte kurz nach und dann: »Natürlich nicht!«, rief ich, »zurück in die Hölle der Pubertät? Da bringen mich keine hunderttausend heulende und jaulende Speedmetalriffs hin!«

Aber auch andere Gründe, ihr lieben jungen Mitmenschen, sprechen für würdevolles Altern. Zum Beispiel: Heute kann mich niemand zwingen, auch die krassesten Widersprüche in meinem musikalischen Kosmos zu begründen.

In meiner zarten Jugend zweifelte ich bisweilen an meiner Zurechnungsfähigkeit, wenn ich am selben Abend zuerst dem Berner Bildungsbürgertum die Plätze für das Sinfoniekonzert zuwies, um selber kostenlos in den Genuss von Pauken, Streichern und Trompeten zu kommen, anschließend in einem versifften Keller mich von krachenden Gitarren durchrütteln ließ und zu guter Letzt in den frühen Morgenstunden, während ich mich meinem lieben Tagebuch anvertraute, meine Gehörgänge mit ABBA besänftigte.

Derartige Spagate waren verpönt bis verboten, wobei dies nicht an den frühen Achtzigerjahren selber lag, die entgegen ihrem Ruf nicht dogmatischer waren als andere Jahrzehnte, sondern an der Unsicherheit junger Menschen, die ihr mangelndes Selbstvertrauen gerne hinter einer dogmatischen Fassade verbergen. Ich stelle mir vor, dass Manuel in gewissen Situationen nur ungern zugibt, dass er gerne Salsa tanzt, weil sich Sepultura und Salsa in seinen Kreisen vielleicht ausschließen. Durchaus möglich ist sogar, dass er sich seine Liebe zu Salsa bewusst oder unbewusst ganz versagt.

In meinem Fall war die Besessenheit stärker als jedes Dogma. Gegen meine ABBA-Mania, egal wie merkwürdig, ja unkorrekt sie mir selber schien, und egal wie abträglich sie meinem Ruf auch sein mochte, konnte ich nichts ausrichten. Heute weiß ich: Die Leidenschaft ist wichtiger als der Diskurs, die Theorie erklärt das Wesentliche nicht; Dogmen kommen und gehen wie der Zeitgeist, und plötzlich ist hip, was noch zwei Tage zuvor das Letzte war (Beispiel: Easy Listening) – und: Gute Musik übertönt und überlebt alle Dogmen.

Eine weitere nicht unangenehme Begleiterscheinung des Älterwerdens ist das langsame Verblassen unrealisierbarer Wunschträume. Die unnötigen Optionen lösen sich auf und verstellen einem nicht länger den Lebensweg. Dass aus mir kein Skirennfahrer wird, ist mir seit längerem klar. Kürzlich habe ich mich auch damit abgefunden, weder James Bond zu sein noch Atlantis zu entdecken oder die Welt je allein zu umsegeln. Ich bemühe mich je länger je mehr, mich auf das Wesentliche zu konzentrieren, und das ist gut so.

Nur etwas klammere ich aus meiner neuen Vernunft aus: die Popträume. Ich ahne zwar, dass die Zeit für eine Karriere als Popstar vorbei ist, und ich habe keinen einzigen Song geschrieben, der diese Bezeichnung verdient. Dennoch träume ich dann und wann von der genialen Melodie, die mir einen Welthit beschert. Oder ich stelle mir vor, dass Züri West oder Tocotronic »Das Lied von der Alp, auf die wir nicht wollen, weil es dort kein Bier gibt oder: Weg mit dem Papst!« covern (ich würde mich ja schon mit einer Single-B-Seite begnügen!) und die Eintagsfliege nachträglich zur Legende machen. Oder ich reaktiviere das Label EgoN unltd. und revolutioniere mit meinen Releases die Popmusik. Oder ich werde Produzent und verbringe den Rest meines Lebens zwischen Swimming-Pools, Mischpulten voller Knöpfe und Grammy-Zeremonien[14]. Ich meine, warum sollten jetzt, wo Pop keine Jugendkultur mehr ist, nicht auch alte Säcke erfolgreich Popkarriere machen? Das Luftgitarrespielen verlernt man sowieso nie.

Was spielen eigentlich Technokids mit Musikerambitionen: Luft-MK2s? Oder Luftsampler? Wie geht das? Sieht das nicht noch doofer aus als Luftgitarre?

14 Der Schweizer Metalband Coroner bin ich unendlich dankbar, dass sie mich auf ihrer letzten CD »Coroner« als Produzent ihrer Version von »Purple Haze« aufgeführt hat. Ich habe zwar nichts anderes getan als die Band ins Radiostudio einzuladen und im richtigen Moment die Bandmaschine zu starten, aber das tut nichts zur Sache. Auf die Frage, »Na? Was hast du in den letzten Jahren so getrieben?« könnte ich also ohne zu lügen antworten, »Och, nichts Besonderes. Ich war mit Coroner im Studio.«

Coroner, »Coroner«, CD-Cover, Modern Musics

Ich bin Mitte 30. Ich bin abgeklärter als vor 15 Jahren, vielleicht sogar ein klein bisschen weise. Aber ich bin immer noch popbesessen. Das stört mich allerdings nicht mehr. Ich habe mich mit meiner Besessenheit arrangiert. Ich wage zu behaupten, dass ich trotz meiner Besessenheit ein ziemlich glücklicher Mensch bin. Vielleicht bin ich es auch wegen meiner Besessenheit – schließlich verbringe ich mein Leben mit etwas, was mir Spaß macht, und verdiene auch noch Geld damit. Abgesehen davon misstraue ich Menschen ohne Leidenschaften und Besessenheit.

Etwas aber ging mit dem Altern verloren, unwiderbringlich, wie ich befürchte: Vermutlich werde ich es nicht mehr erleben, dass eine Platte mich so nachhaltig erschüttert und verändert wie seinerzeit die Sex Pistols, Devo oder Jimi Hendrix.

Wäre ich doch 18! schoss mir spontan und wider alle Vernunft durch den Kopf, als der massive Beat auf Daft Punks gigantischem Debüt »Homework« losstampfte, und ich beneidete die jungen Menschen, für die »Homework«

Jimi Hendrix, »Electric Ladyland«, LP-Cover, Polydor Records

nicht einfach »nur« das Album des Jahres war, sondern eine Platte mit der Potenz, ihr Leben komplett umzukrempeln. Junge Menschen wie Manuel, die in ihrer labilen Phase ihre Identität über ihre Musik definieren und musikalischen Explosionen viel schutzloser ausgeliefert sind als ein Erwachsener, der mehr weiß und kennt, und dessen Lebenserfahrung derartige Schocks automatisch abfedert.

Apropos Manuel: Trotz des anfänglichen Missverständnisses wurden Manuel und ich gute Freunde, ich habe ihm erklärt, warum Nirvana gut sind und Pearl Jam doof, und mittlerweile sieht er in mir nicht mehr einen alten Sack, sondern den Onkel aus Europa, der ihn mit Kassetten und CDs versorgt.

Abgeklärt? Gelassen? Ich? Vielleicht sogar ein bisschen weise? Würdevoll gealtert? Wirklich? Schamlose Beschönigung! Nein? Warum suchen mich dann immer wieder Albträume heim? Beweisen diese Albträume nicht, dass ich noch einen langen Weg zu gehen habe, ehe ich mich als erwachsenes Mitglied der menschlichen Gemeinschaft betrachten darf? Zeigen diese Angstzustände nicht, wie vollständig die Besessenheit meine Tage und Nächte beherrscht?

Ich sitze in einem Hörsaal, eingeklemmt zwischen einer unbequemen Stuhllehne und einer schmalen Schreibfläche. Ein Dozent verteilt Fragebogen. Was soll das? Eine Prüfung? Eine Pop-Prüfung? Wozu? Unvorbereitet? – Kein Problem. Selbstsicher, ja: Überheblich grinsend überfliege ich die Fragen. Stutze. Lese sie genauer. Erschrecke.

Ich verstehe die Fragen nicht. Ich kenne die erwähnten Bands und Musiker nicht. Ich strenge mich an, wühle in meinem Gedächtnis. Nichts. ICH WEISS NICHT, WOVON HIER DIE REDE IST! Panik ergreift mich. PANIK! VERZWEIFLUNG!

Die anderen Studenten schreiben fleißig. Ich schiele auf den Fragebogen meines Nachbars, ein alter Freund von mir – seine Schrift ist unleserlich.

Was ist los? Was soll ich tun?

WANN ERWACHE ICH ENDLICH?!

Zeichnung: M.S. Bastian

Bonustracks:
Lost Tapes & Outtakes

Zeichnung: Christian Huth

Die Frau meines Lebens

Da meine neue Wohnung zu groß ist, um mit vier Boxen beschallt zu werden, begab ich mich unlängst in einen am Stadtrand gelegenen Medienmarkt. Ich wollte meinen Haushaltsmaschinenpark um eine Mikroanlage für die Küche ergänzen – und auch mal so einen Laden von innen sehen. Mein Survival-Kit mit einem halben Dutzend Test-CDs musste ich allerdings am Eingang abgeben, sodass ich mit leeren Händen vor mindestens 127 verschiedenen Anlagen stand. Der Angestellte reagierte geradezu verblüfft auf meine Bitte um eine Musik, klaubte erst, als ich insistierte, eine CD aus einer Schublade – und durch die riesige Verkaufshalle dröhnten – Supertramp! »The Logical Song« oder »Breakfast in America«, ich weiß nicht mehr, es ist auch egal, es war einfach entsetzlich, ich starrte den Jüngling im weißen Kittel fassungslos an, Supertramp! im Januar 2000!, ehe ich nach endlosen Sekunden schreckens- und schambedingter Gelähmtheit die CD aus dem Player riss. Der Gedanke, dass Menschen, die derartige Märkte frequentieren, Supertramp womöglich für den letzten Schrei halten und mich für megahip, kam mir nicht. Es wäre mir auch gleichgültig gewesen: Ich möchte nicht aus den falschen Gründen für hip gehalten werden. Auf keinen Fall von Supertramp-Fans.

Ich bin keineswegs ein Mensch, der immer stilsicher sein will. Ich habe gelernt, mit meinen Geschmacksverirrungen zu leben. Geschmack ist etwas Lebendiges und Widersprüchliches, und ich betrachte es als ein unveräußerliches Menschenrecht, auch peinliche Songs voller Hingabe lieben zu dürfen. Würzen nicht gerade diese Lieder unser Dasein mit zusätzlichen Überraschungen? Aber es gibt Grenzen, die selbst ich nicht überschreiten kann.

So ein Lied ist zum Beispiel Opus' 85er Sommerhit »Life Is Life«, den Laibach 1987 auf ihrem Album »Opus Dei« gecovert haben. Und so kam es, dass ich eines Tages, ich lebte damals in Paris, auf die Metro wartete und vor mich hin summte. »Na-naaaa Naa-na-naaa.« Eine flotte Melodie, dieses »Na-naaaa Naa-na-naaa«, dachte ich mir, von wem ist das nur, »Na-naaaa Naa-n–«

Eisiger Schrecken durchfuhr mich!

Ich erbleichte! Ich errötete!

Mir schwindelte!

Laibach, »Opus Dei«, LP-Cover, Mute Records

Wer konnte schon ahnen, dass ich nicht Opus gesummt hatte, sondern – und – was ist, wenn ausgerechnet die Frau meines Lebens auf dem Bahnsteig stünde, und sie wollte mich gerade anquatschen, als ich – und nun hält sie mich jetzt für den peinlichsten Typen –

Ich wollte schon zum Stationsvorsteher eilen, um meinen Mitreisenden über die Lautsprecheranlage das Missverständnis aufzuklären – dass ich nicht das Original gesungen hatte, sondern Laibachs martialisches »Leben Ist Leben«, das nichts anderes ist als die Entlarvung der faschistoiden Tendenzen solcher stumpfer Mitmachschmonzetten etc.

Zu spät, die Metro fuhr ein, die Leute stiegen ein, die Frau meines Lebens auch – ich blieb stehen, schamrot, und wartete auf die nächste Bahn.

Pop-Model für Singles

Nein, ich besitze bei weitem nicht alle Platten von Lio. Ich besitze lediglich vier Langspielplatten plus eine Best-Of-CD (»Peste Off«) sowie sieben Singles. Das ist die lautere Wahrheit – und doch stimmt es so nicht ganz. In Wirklichkeit nenne ich sieben Lio-LPs und elf Lio-Singles mein Eigen. Und das kommt so: Vom Debütalbum »Lio« horte ich derzeit vier Stück und von den Singles »Les Amoureux Solitaires« und »Seules les filles pleurent« ebenfalls mehrere Exemplare. In erster Linie wegen der Umschläge.

»Amoureux Solitaires«, Single-Hülle, Ariola

»Seules les filles pleurent«, Single-Cover, Polydor

Als Lio ihren ersten Hit »Le Banana Split« landete, 1979 war das oder 1980, war sie etwa so alt wie ich. Das heißt, sie ist immer noch so alt wie ich, aber damals war sie halt noch viel jünger als ich heute und wahnsinnig süß, und als ich sie in einer französischen Fernsehsendung auf Rollschuhen

»Le Banana Split«, Single-Cover, Ariola

durch eine Rollschuhdisco rollen sah und »Banana Split« trällern hörte, verliebte ich mich in sie. Ich ging damals mit R., und R. mit ihren Sommersprossen glich so gar nicht der dunklen Portugiesin aus Belgien, aber das war egal – R. hat, glaube ich, nie etwas von meiner imaginären Liaison mit Lio erfahren.

Lio war so süß. Lio war unwiderstehlich. Ich musste mich einfach in Lio verlieben, als sie mich mit leicht melancholischer Forschheit vom schwarzweißen »Banana Split«-Cover anschaute, gekleidet in eine mit Comic-Superhelden bedruckte Hose. Und ganz um mich geschehen war es, als ich ihr erstes Album »Lio« erstand und zu Hause auspackte, mit feuchten Händen: Auf der Rückseite der Plattenhülle war sie – ich bitte um Verzeihung für das dumme Wortspiel – fast hüllenlos abgelichtet, in Unterwäsche. Nicht aufdringlich und aggressiv sexualisiert wie Britney Spears oder die Spice Girls, oh nein – wir schrieben das Jahr 1980, und die minderjährige Lio posierte in einem keuschweißen, viel Hautfläche kaschierenden Leibchen und einem ebensolchen Höschen und blickte mich scheu an, geradezu erschreckt über meinen forschen Blick auf ihre Blößen. Der Platte war ein Blatt mit diversen Kostümen zum Ausschneiden beigelegt – so konnte man Lio in die rote Hotelpagenuniform der Comic-Figur Spirou stecken; man konnte Lio knappe und kesse Sommerkleider überziehen; man konnte aus Lio einen coolen Detektiv in Trenchcoat und Borsalino machen, und man konnte Lio in ein leckeres rosa Plüschding mit zwei patisseriekirschenähnlichen Kügelchen auf der Höhe ihres Mädchenbusens verzaubern. Lio war ein Toy für Boys, die zu alt waren, um noch an den Barbiepuppen ihrer Schwester rumzudoktern.

Ich habe dieses Blatt nie zerschnitten. Ich habe Plattenumschläge und Innenhüllen nie zerschnitten. Außerdem war mir Lio in Unterwäsche am liebsten. Ich war schließlich schon 16 und wusste, wovon sie in »Les Amoureux Solitaires« sang. Und an R.s paradiesisch leckeren Patisseriekirschen hatte ich mich auch schon gelabt.

Trotz dieses Umschlags blieb doch die Single das Medium für Lio. Einerseits musikalisch: Von Lio mag ich keine ganzen Platten hören, von Lio will ich dann und wann ein bestimmtes Lied. Das reicht. Andererseits visuell: Lio nutzte die zahlreichen Single-Hüllen zum Spiel mit ihrem Image. Sie inszenierte sich schamlos als dunkelhaarige Barbie-Puppe. Als Comic-Figur, die sich später Plattenhüllen von Comic-Zeichnern wie dem großen Hugo Pratt (mein Lieblingscover: »Seules les filles pleurent«) und Walter Minus (»Tu es formidable«) zeichnen ließ. Als »Pop-Model«, wie ein Albumtitel verdeutlichte – auf dem Cover prangte, mit schwarzen Strapsen geschmückt, das aufregende Stück Frau (Lio?) von Bauchnabel bis Oberschenkel.

Lio wusste, was sie tat, und sie tat es trotzdem. Dabei hatte ich immer den Eindruck, dass sie die Ikonografie

»Chauffeur, suivez cette voiture«, Single-Cover, Polydor

und die Codes, mit denen sie spielt, nicht ganz beherrscht. (Lio ist natürlich nicht Madonna. Lio ist nicht einmal Vanessa Paradis.) Deshalb wirkte ihr Image immer etwas unentschlossen, ihre Auftritte leicht ungeschickt, deshalb war Lio immer charmant und lustig. Und irgendwie unschuldig. Egal wie provokativ und sexy sie sich gab – ob sie sich in einem knappem, hautengem Latextop zeigte (»Chauffeur, suivez cette voiture«), sich lasziv auf einem Motorrad räkelte und sich die vollen Lippen glutrot anmalte (»Fallait pas commencer«) oder potenzielle Fremdgänger mit einem gar nicht mehr scheuen, sondern zornigen Blick warnte und vorbestrafte (»Je casse tout ce que je touche«) – Lio wirkte immer naiv und unschuldig. Obschon Lio alles hatte, was eine Sexbombe so ausmacht, war sie nie eine scharfe Sexbombe. Lio spielte. Lio war eine Comic-Figur, eine Barbie-Puppe. Ein Pop-Model.

»Lio« ist eine dieser Platten, die man immer mal wieder auf dem Flohmarkt findet. Für zwei Franken oder so. Und mit ein bisschen Glück werden einem die Singles nachgeschmissen. Da ich an keiner Platte vorbeigehen kann, die mir einmal etwas bedeutet hat und heute respektlos für weniger als fünf Franken weggeschmissen wird, stehen bei mir immer mehrere Exemplare von »Lio« herum. Diese Platte (komplett mit Beiblatt) eignet sich wunderbar als Mitbringsel oder Geburtstagsgeschenk für ältere Herren – dann können wir von Lio schwärmen, während unsere Liebsten uns mit Ironie, Unverständnis, Argwohn oder Misslaune strafen.

Ja, Lio und die Frauen in meinem Leben. Das waren meistens komplexe und gespannte Verhältnisse. Angefangen mit meiner kleinen Schwester – sie war ein großer Lio-Fan und wäre am liebsten ihre »Hintergrundsängerin« gewesen. Regula ignorierte Lio. Christina war ohnehin immer und auf jedes andere Mädchen eifersüchtig, selbst auf fiktive Comic-Damen. Sylvie war der üppigen Brünetten durchaus in Sympathie zugetan – war sie doch ebenfalls eine wohlgeformte Brünette und dankbar für Lios Propaganda zugunsten ihres mediterranen Typs (»Les brunes comptent pas pour des prunes«). T. wiederum hatte absolut kein Verständnis – nicht nur weil sie blond und blass war, sondern weil sie schlicht nicht nachvollziehen konnte, warum ich meine Zeit mit Lio-Liedchen verplemperte und ihre Singles hortete. T. las lieber gescheite Bücher, legte heimlich Kate Bush auf und war in David Bowie verliebt. Sabine hatte immer Mühe, mein Fantum mit seinen subtilen (?) Schattierungen zwischen echter Hingabe und selbstironischer Relativierung zu verstehen. Sie fand mich insbesondere in meiner Rolle als Lio-Fan lächerlich und behauptete, ich hätte eine ungesunde Vorliebe für Sängerinnen mit »Mädchenstimmchen«. Vielleicht befürchtete sie auch das Erwachen des schmutzigen alten Sacks in mir (ich bin ja auch ein bekennender Vanessa-Paradis-Bewunderer, und Vanessa ist ca. zehn Jahre jünger als ich, aber das ist eine andere Geschichte, vor allem weil ich Vanessas Plattenhüllen, insbesondere die ihrer Singles, uninteressant finde – bis auf das wunderbare Cover von »Joe le taxi« natürlich).

Und Outi? – Ich bin noch gar nicht dazu gekommen, Outi von Lio zu erzählen. Aber Outi hat mir diesbezüglich nichts vorzuwerfen – schließlich verschwendete sie ihre Jugend und ihre London-Urlaube in den Achtzigerjahren vor Boy Georges Villa. Einmal habe Boy sie sogar geküsst! Und bis heute kauft sie sich jede neue Platte von Boy George. Ich hingegen kaufte meine letzte Lio-Single 1995 und weiß gar nicht, ob sie seither Neues aufgenommen hat. Außerdem habe ich Lio nie geküsst. Nicht einmal auf den Plattenhüllen.

Manchmal frage ich mich, ob die Frauen in meinem Leben mich allen Ernstes verdächtigten, dass ich alle diese überschüssigen Lio-Singles hortete, um Sexfantasien auszuleben. Mit Lio im rosa Plüschkostüm, mit Lio gezeichnet von Hugo Pratt, mit Lio auf dem Motorrad (wie weiland Suzy Quatro) … – Und: Tat ich das? Inspirierte Lio je erotische Fantasien? – Und wenn schon: In meinem Leben war Lio nie das minderjährige Objekt etwaiger lüsterner Altherrenbegierden – Lio ist ja nicht jung, Lio war immer so alt wie ich. (Nochmals gut rausgeredet.)

Ich würde heute sogar sagen: Leider ist Lio so alt wie ich. Denn sie macht immer noch auf naiv und kleines Mädchen und keusche Anmache, sie kleidet sich immer noch knapp und »schrill« und »sexy«, und was damals süß war, ist heute peinlich. Manchmal auch billig. Auf jeden Fall nicht mehr unschuldig, sondern vulgär. In diesem Sinne stimmt S.s Verdacht der schmutzigen Altherrenliebhaberei vielleicht doch. Ich mag ja nicht die heute gleichaltrige Lio, sondern die damals gleichaltrige. Lio wird für mich immer

»Je casse tout ce que je touche«, Single-Cover, Polydors

16 bleiben und aussehen wie auf dem »Le Banana Split«-Cover. Oder 23, wie auf »Je casse tout ce que je touche«.

Und die Lieder? – Gegenfrage: Geht es bei Lio überhaupt um Musik? Ich behaupte: ja. Ich behaupte mal, dass die Plattenumschläge nicht für meine nun über 20-jährige Beziehung mit Lio ausgereicht hätten. Es gibt mindestens ein Lied von Lio, das ich bis heute innig liebe: »Les Amoureux Solitaires«, ihre zweite Single, komponiert vom Elektropop-Duo Elli et Jacno (und später von Andreas Dorau schamlos unter dem Titel »Kleines Stubenmädchen« abgekupfert und als Eigenkomposition ausgegeben!), das ich für einen der hübschesten Pop-Hits der Achtzigerjahre halte. Eine meiner Lieblingssingles überhaupt. Ganz ehrlich. Ein betörendes Chanson voller Melancholie im Neonglanz.

Im Grunde genommen wäre eine einzige Kopie von »Les Amoureux Solitaires« genug Lio für ein ganzes Leben. Der Gedanke jedoch, durch das Entsorgen von Lio-Singles Platz zu schaffen für Anderes, Neues oder auch Besseres, hat mich noch nicht einmal gestreift – die Cover sind einfach zu süß.

Letzte Fragen, keine Antwort

D. hatte mich am Flughafen abgeholt, wir hatten mein Gepäck bei ihr abgelegt, waren ins Zentrum gegangen, hatten ein Sandwich verdrückt und gequatscht, und plötzlich sagte sie mir, kurz nachdem wir den Sandwich-Laden verlassen hatten und im Brüsseler Nieselregen auf dem Gehsteig standen, »Du, Christian, da ganz in der Nähe gibt's einen guten Plattenladen.« – »Ja?« – »Ja, ein Laden mit vielen alten Platten. Viele meiner Bekannten gehen da gerne hin.« – »So.« – »Ja, ich dachte mir, du möchtest ihn vielleicht aufsuchen.« – »Hm.«

Was wollte sie mir damit sagen? Wollte sie mir eine Freude machen? Wollte sie mir zeigen, wie großzügig sie meiner Besessenheit gegenüber sein kann? Wollte sie mich loswerden? Was für ein Bild von mir bringt dies zum Ausdruck? Wollte sie mir bedeuten, dass sie mich durchschaut beziehungsweise mich für einen Typen hält, der seine Zeit lieber mit staubigen Platten als mit ihr verbringt?

Titelregister

U

V

W

Y

Z

Namenregister

A

B

H

I

J

K

S

T

U

V

W